Frank Julian Philips

Play

© 2003 Casa do Psicólogo Livraria e Editora Ltda.
É proibida a reprodução total ou parcial desta publicação, para qualquer finalidade, sem autorização por escrito dos editores.

1ª Edição
2003

Organizador
Deocleciano Bendocchi Alves

Editores
Ingo Bernd Guntert e Silésia Delphino Tosi

Produção Gráfica & Editoração Eletrônica
Renata Vieira Nunes

Capa
*Frontespício do livro de Francis Kirkman,
"The Wits, or Sport upon Sport" (1672)*

Dados Internacionais de Catalogação na Publicação (CIP)
(Câmara Brasileira do Livro, SP, Brasil)

Philips, Frank Julian
 Play / Frank Julian Philips; (organizador Deocleciano Bendocchi Alves). — São Paulo: Casa do Psicólogo®, 2003.

 Vários colaboradores e tradutores.
 Bibliografia.
 ISBN 85-7396-240-2

 1. Play 2. Psicanálise I. Alves, Deocleciano Bendocchi. II. Título.

03-4541   CDD-155

Índices para catálogo sistemático:
1. Play : Psicologia   155

Impresso no Brasil
Printed in Brazil

Reservados todos os direitos de publicação em língua portuguesa à

Casa do Psicólogo® Livraria e Editora Ltda.
Rua Mourato Coelho, 1.059 – Vila Madalena – CEP 05417-011 – São Paulo/SP – Brasil
Tel.: (11) 3034.3600 – E-mail: casadopsicologo@casadopsicologo.com.br
http://www.casadopsicologo.com.br

"I am writing in a state of mind that has no great expectations nor needs to know why since the topics about which I write come entirely from inside and outside of me, and the actual words are of little importance. Life and death are commonly simultaneous. The principal feature of mind is the 'to be'.

Biography cannot be trusted; it is contained in my evolution, besides the fact that I am ninety five years old. Due to the work in progress at the moment we are building ourselves, we are hasstrung."

Frank Julian Philips
21 de agosto de 2001

Índice

Apresentação 9

Prefácio 13

A Geografia da Trama 21

Acidentes 33

Outras Idéias 47
    Liberando o acesso ao oculto 51
    Imperfeição 54
    Linguagem viva emergente 59
    A junção do consciente e do inconsciente 63
    Prosseguindo 68
    Definições do que está ocorrendo
    em contraste com a incerteza. 71

O ser humano desconhece a si mesmo 75
A vida de um outro ponto de vista 81
Improvisação 83

Conjecturas breves e aleatórias sobre os fatores
   do Play 87

Índice remissivo 93

Apresentação

Pergunto-me: seria necessária uma apresentação? O texto em si é expressivo o suficiente para nos introduzir naquilo que é, segundo as próprias declarações de Frank Philips, o resultado de sua experiência de trabalho psicanalítico realizado em Londres e aqui no Brasil por mais de cinqüenta anos. Mas este texto é especial, porque é original, espontâneo, livre, sincero e extremamente criativo. Por isso ele estimulou um grupo de pessoas que, durante quase dois anos, o estudou e se propôs a traduzi-lo para divulgá-lo no Brasil. Este estudo foi muito enriquecedor para todos os que se empenharam no trabalho permitindo que se criasse entre nós uma atmosfera de reflexão e colaboração. Mas há muito mais: há algo indizível. Por isso vou usar uma comparação.

Imaginem uma peça musical, uma sinfonia, por exemplo, a *Nona* de Beethoven. O que ouvimos? Os temas se entrelaçam, surgem as variações, silêncios, *staccatos*; ora ouvimos fortíssimos ora pianíssimos; fragmentos musicais se superpõem, se associam, se misturam, variam, modulam e se repetem mais uma vez; surge o coral, terminando a peça numa profusão melódica, que perdura nos nossos ouvidos; a música nos transforma, despertando uma emoção persistente, sentimentos variáveis nos quais reconhecemos a vida fluindo em nós, numa experiência emocional sem palavras. Este trabalho se assemelha a uma criativa composição musical, capaz de gerar em nós leitores experiências emocionais muito ricas e estimular a expansão de nosso mundo interno por caminhos inesperados e desconhecidos. Vamos encontrar nele fragmentos de observações, intuições agudas, correlações inusitadas, repetições, citações que apelam para nossos conhecimentos anteriores, para novas associações que se desenrolam livremente, muitas vezes de forma surpreendente. Tudo isto engendra uma reflexão profunda que apela para a nossa experiência emocional, possibilitando-nos alcançar todos os significados contidos em Play.

A publicação deste volume foi possível graças ao trabalho de muitas pessoas, que colaboraram de diversas formas, desde os primeiros contatos que tivemos com o texto. Em agosto de 2001, Philips entregou-me a primeira versão desse trabalho. Durante os anos que precederam, muitas vezes havíamos conversado sobre os assuntos que o compõem quando estávamos juntos, ou por meio de faxes quando trocávamos idéias e experiências. Assim, quando recebi o trabalho, já tinha conhecimento dos assuntos nele contidos, o que possibilitou uma mais rápida apreensão dos conteúdos e facilitou, depois, o trabalho de leitura e tradução.

Colaboraram na versão para o português Telma Dellayr Bertussi da Silva, Maria Alice Franciosi, Vera Cecília Bresser Pereira, Tatiana Serebrenic, Maria Lucia Rivera, Julia Macruz Bendocchi Alves e eu próprio. Todos nós tivemos, em algum momento, algum tipo de experiência pessoal com Frank Philips: ou em psicanálise ou em supervisão ou em seminários. Reuníamo-nos semanalmente para refletir sobre esse trabalho e apreender seus significados mais profundos e, progressivamente, traduzi-lo. Optamos por uma tradução livre para conservar a espontaneidade do texto original.

Contamos tambem com a colaboração de Barbara Heliodora, com preciosas sugestões para a tradução e as citações da obra de

Shaskespeare; de Suzana Rotter, Marion Mayer e Luiz Roberto Candiota, para a tradução. Jo Ann Popp reviu todo o texto em inglês, ajudando-nos a transpô-lo de uma linguagem coloquial para outra apropriada à publicação. Paula Frassinete Queiroz Siqueira reviu e aprimorou o texto em português, com sugestões valiosas, obtendo uma unidade do estilo.

Penso que todos nós saimos enriquecidos desse trabalho e desejamos que o mesmo ocorra com os leitores.

Deocleciano Bendocchi Alves

Prefácio

Nasci no começo do século passado e minha prática psicanalítica estendeu-se por mais da metade dele e recentemente decidi encerrá-la. Apesar dos problemas físicos naturais da idade, minha vida emocional não foi afetada. Uma acurada formação profissional em anos passados resultou na conscientização da permanência da minha juventude e conduziu meu interesse para o reino do Play. Este reino pode ser comparado a notações musicais, não só de harmonia e ritmo num mundo de agitação social, mas também de melodias numa mudança superficial no estilo do comportamento da civilização no Play. Vou elaborar minha proposição considerando o Play uma realidade psíquica que tem sido relativamente ignorada em seu caráter onipresente.

Tendo-me orientado pela minha própria mente e vida emocional para abordar a natureza do Play, assumi que sua presença já estava implícita, como uma característica específica, nos primeiros estágios da vida dos seres humanos, assim como ele estava presente em mim mesmo. Contudo a manifestação do Play, no sentido psíquico, evolui numa variedade sem limites de expressão, ação e movimento e se presentifica em toda a raça humana. Como conjectura, considero que uma das manifestações do Play é a linguagem. Sou também levado a isso por testemunhar, no desenvolvimento do ser humano – nos bebês, nas crianças –, estágios de sons e de fala que continuam evoluindo durante todo o seu crescimento. Considero, como hipótese, que a fala, assim como o pensamento, os sonhos, a linguagem e tudo mais que se passa na mente, para os quais o Play forneceu os contornos, emergiu das incontáveis eras da Terra. A linguagem, como uma realização mais sofisticada, continua a se desenvolver pela atenção cada vez mais consciente que dela temos.

No entanto, restringindo-me a esse tema que tem sido o centro de minhas conjecturas, admito que o Play possui um fator "X" para o qual não há até agora critérios para classificar sua evolução. Permanecendo nessa proposição, pretendo falar das características inerentes ao Play, entre as quais o medo da morte. O fato de este medo ter ficado encoberto até hoje não invalida uma certa inquietude predominante na mente das pessoas. As ansiedades no mundo originam-se de uma gradual consciência dessa verdade, que, num sentido lato, é insuperável; e esta gradual consciência é um elemento novo na qualidade do bem estar social existente. Contudo parece ser necessário considerar que nunca se deve utilizar as palavras "por causa de" alguma coisa: geralmente elas não significam nada. Nos seres humanos, o desenvolvimento emocional primário advém do fator "X" e tem lugar nos sentimentos de prazer e de dor, que são sentimentos separados e distintos. Tanto um como outro sentimento são experimentados simultaneamente e compartilhados. Não estou preocupado com fatos que expressam a autoridade em assuntos como direito, governo, religiões, teorias estabelecidas, ciência, saber clássico, nem tampouco medicina, cirurgia e outros saberes desta categoria. Estou considerando o Play um componente de toda a existência. Ele simultaneamente constrói a vida como algo inseparável do "ser" ou do "não-ser", e é o que se denomina civilização em seus múltiplos estágios em todo o Planeta.

Esta sutileza de percepção evoluiu da experiência psicanalítica de Wilfred Bion. Ele revela a importância deste tema ao escrever que uma pessoa, vista e ouvida em psicanálise, não é uma pessoa que pode ser facilmente conhecida; ela é uma representação ou uma memória de alguém que ela nunca conheceu.

É óbvio que a "linguagem", certamente apenas sons no início, existe há milhões de anos, mas na realidade ninguém pode afirmar como ela aconteceu. Confrontamo-nos com a linguagem sem pensar que seu surgimento como também seu colapso podem estar representados metaforicamente no mito da Torre de Babel. Historicamente, nos mantivemos totalmente ignorantes do processo mental que vou descrever. Cada dia de nossas vidas, quando acordamos, o Play está presente. Trata-se de um termo sutil, que denota astúcia, reserva, penetração, e muito mais. A referência a Bion que fiz acima é aplicável, portanto, ao todo da nossa existência, pois a psicanálise revela um fenômeno até agora desconhecido ou não nomeado.

Por conseguinte, o Play tem preponderância desde sempre e, sendo a vida como ela é, sua interrupção não pode ser antecipada. A interrupção do Play destruiria a vida, como ocorre numa situação de guerra. Menciono uma outra afirmação de Bion, contida em sua obra *Cogitations*, que também revela o Play de maneira clara: ele cita aí a magia como um meio que os homens utilizam para tentar controlar o ambiente físico e, da mesma maneira, os rituais, como um meio para tentar controlar o mundo espiritual. Retornarei ao essencial da questão designando o Play, no mundo interno, como um funcionamento da mente humana, cujos elementos tornam-se observáveis em psicanálise e são aparentemente sujeitos à fragmentação para garantir sua continuidade. Quaisquer que sejam os fatores do Play, ele continuará a aviltar ou a respeitar a realidade, mantendo, porém, os poderes existentes, inclusive o Oculto. Para visualizar-se a enorme variedade de elementos contidos no Play, escolhi o termo fragmentação, que me ocorreu ao longo da minha prática psicanalítica. Esse termo me possibilitou "ver" a criança contida na personalidade adulta e, da mesma maneira, ver o processo do adulto dentro do contexto da mente da criança. Dito de outra forma, essas duas visões do Play seriam suas duas versões em fragmentos. Assim, o termo fragmentação me permitiu testemunhar o Play como um elemento em si mesmo integrador – no processo da concepção, por exemplo, não somente a mulher está envolvida, mas também o homem, com tudo o que o cerca. Observamos, por sua vez, a imprevisibilidade do Play frente à Natureza, nas atividades da Terra e nas forças do Universo – expressas pela linguagem disponível. Ainda que brinquemos com esse fato em nossa mente, tudo o que nos é dito nos impressiona muito pouco – essa é uma das conseqüências da liberdade que advém da própria autoridade desenvolvida na vida. Esse fato indica também a presença do Play. Seria impossível desalojá-lo na presença da linguagem, mesmo que tentássemos. Mas, mesmo estando sempre presente em nossas mentes, o desconhecimento de como e quando ele começou faz com que nos perguntemos como se mantém e como transforma os objetivos e as qualidades das diferentes civilizações. Neste momento, eu poderia dizer que, quando a vida humana e os sentimentos surgiram, apareceu a expressão: "o que fazer?". E aí começou o Play.

Dentre as suas qualidades, quero salientar a astuciosa maneira com que os impulsos de voracidade e de inveja operam para determinar um certo resultado, que se expressa nos objetivos e nas necessidades das pessoas. Tudo isso acontece na mente e, de forma não-verbalizada, começa na infância. Na medida em que o crescimento progride, o Play assume outras formas de potência psíquica, embora a maior parte dos movimentos, como, por exemplo, os sonhos, não seja facilmente vista e percebida a não ser sob o trabalho psicanalítico. Direi mais sobre os efeitos dos sonhos, mas posso adiantar desde agora que a conseqüência mais importante do Play é a intuição. Esta capacidade se assemelha àquilo que nos animais de qualquer espécie chamamos de instinto – e minha impressão é que há uma conexão constante entre os instintos dos animais e os instintos dos humanos, porque, fisicamente, nós somos como eles. Desde o começo do desenvolvimento da raça humana, surgiu a intuição e, nos aspectos do Play que foram ativados, um importante fator foi liberado – a criatividade, que se tornou disponível para a civilização. Por essas razões a atenção voltou-se para o desconhecido, o qual pode ser acompanhado através do paciente trabalho psicanalítico, quando o analisando o "experiencia" e chega ao seu próprio eu, não conhecido por ele até esse momento. Só assim sua individualidade pode chegar a ser conhecida. O trabalho que Freud apresentou ao mundo, nos seus primeiros estudos sobre os sonhos, exemplifica essa possibilidade. Os sonhos são fragmentos do desconhecido quando podem ser iluminados pela intuição. Embora o termo fragmentação descreva este processo, o desconhecido permanece e, na minha opinião, não será conhecido enquanto clivado. O reconhecimento do desconhecido ajuda a lidar com a vida como ela é, pois permite um equilíbrio de visão, que é mais útil do que ficar desapontado ou frustrado com os acontecimentos externos. Há uma vantagem adicional na visão obtida através dos sonhos: eles não desaparecem na noite em que os sonhamos, mas permanecem por todo o dia e, em momentos inesperados, tornam-se presentes em nossa mente. Podem gerar reflexão e uma espécie de capacidade imprecisa para conjecturarmos o que está se passando no nosso interior e, dessa maneira, recuperarmos algo que, de outra forma, não seria possível. Entre 1911 e 1915, Freud teve uma nova intuição que lhe possibilitou uma percepção similar – trata-se da intuição dos dois princípios do funcionamento mental: o princípio do prazer e o princípio da realidade. Na minha opinião, o que ele percebeu foi que a interação desses dois princípios, na mente, revela tanto a intuição como outros aspectos que podem ser detectados no inconsciente. É nessa área que a psicanálise pode, até certo ponto, iluminar a observação do novo, que está repetidamente surgindo, e, nesse processo, perceber aquilo a que chamamos Play. É curioso, pois, observar esse processo no campo da sexualidade. Por natureza, não é um assunto destinado à exibição pública, mas é amplamente explorado com propósitos comerciais. Este é um dos problemas da pobreza emocional dos nossos tempos, pois, na realidade, significa a verdade animal, que nada mais é do que bom senso. A percepção que Shakespeare tinha da dor emocional, dos conflitos e do sentido da realidade dos humanos está particularmente bem expressa no uso da língua inglesa, que ele nos deixou como herança. Creio que qualquer um que leia o livro de Caroline Spurgeon *Shakespeare imagery and what it tells us* reconhecerá a riqueza do seu conteúdo.

Sabemos que a Terra foi ejetada pelo Sol, mas conhecer apenas este fato não nos permite ignorar a vida em sua complexidade, tal como ela se manifesta para nós. O doloroso e penoso tratamento a que Honduras foi submetida em virtude das recentes tempestades, que não aconteciam desde o século XVIII, serviu para reavivar a memória de tais ocorrências e acidentes no Planeta. Fazendo um sumário, ainda que incompleto dessas ocorrências, sabemos que há milhões de anos existem terremotos, erupções vulcânicas, deslocamentos de regiões inteiras do Planeta e, até mesmo, de oceanos e montanhas. Exemplo desta última ocorrência são as Montanhas Atlas do Marrocos e as Montanhas Rochosas da América do Norte, que se prolongam até o extremo sul da América do Sul. Estes acontecimentos nos levam a pensar no que o Planeta se tornou até o momento. No entanto não há indicação precisa do que ainda poderá surgir. Por exemplo, erupções vulcânicas poderão ocorrer no Oceano Pacífico, particularmente na região da Nova Zelândia e do Japão, e em outras. Refiro-me também ao problema visível do aquecimento do Globo, o que nos faz lembrar naturalmente das mudanças climáticas que ocorreram através dos tempos nos dois pólos. O Planeta em que habitamos é único; nenhum outro apresenta sinais de uma vida real possível.

Meu ponto de vista, ao tratar deste assunto, não é tanto enfatizar os distúrbios no Planeta, que são assim em virtude de sua natureza, mas tornar claro quão pouco se explicou para as crianças, nas escolas, que nós somos únicos. Não me parece que este fato tenha sido contado de maneira a promover a percepção da realidade da nossa existência. O que pretendo ressaltar, e sobre o que falarei mais adiante, é a ausência de ódio nos seres humanos ao serem atingidos por tais acidentes, embora estes lhes causem dor e sofrimento. Este aspecto foi de certa forma negligenciado na nossa educação, embora seja muito elevado, em valores humanos, o preço que se paga por tal negligência. Construirei agora uma cena imaginária, tão ampla quanto possível, daquilo que estou tentando retratar, representando-a num grande palco: dirija seus olhos e seus ouvidos e outras partes de sua mente para uma representação ou imagem da vida dos hominídeos, e tente fixá-la a ponto de se assemelhar a eles. Esta tentativa possibilita refletir como os hominídeos se tornaram conscientes dos sons dos oceanos, dos ventos, dos cataclismas, e na verdade de muito mais: até mesmo de um futuro que eles nunca iriam conhecer.

Obtemos, assim, um conhecimento rudimentar a esse respeito e, certamente, muito do que presumimos evoluiu de observações de ocorrências atuais, do presente, e não dos fatos presumidos no momento em que aconteceram. A consciência desse aspecto nos faz lembrar, de imediato, Charles Darwin e suas importantíssimas explorações, além de suas reflexões e percepções teóricas, que confrontaram amplamente as autoridades da época. Estas, por sua vez, contestaram essas teorias, proclamando que nada do que este cientista afirmava revelava algo verdadeiro sobre a evolução dos seres humanos.

Felizmente para o próprio Darwin e, numa certa medida, também para nós, chegou-se a um acordo, porque tudo o que era escandaloso naquela época não parece ter permanecido como tal. Há evidências, por todo o Planeta, de que a grande maioria das pessoas não se sente bem ao tomar conhecimento destes fatos, se é que elas se tornam razoavelmente cientes deles. Fui informado, por autoridades da Nova Zelândia, da existência de uma quantidade grande de larvas e cinzas depositadas no oceano em volta desse País. Há uns trezentos ou quatrocentos mil anos atrás, teria ocorrido aí uma imensa erupção vulcânica cujos efeitos foram sentidos e conhecidos em lugares muito distantes, como na China e no Japão. E também fui informado de que há um grande lago na Ilha Norte da Nova Zelândia, numa cidade chamada Taupo, onde a água quente borbulha em meio a areia depositada no fundo do lago. Este acontecimento reforça a afirmação que fiz acima de que a população tende a não mostrar qualquer sentimento de ódio pelos fenômenos danosos da Natureza. Pelo contrário, vive bastante confiante e desfruta a vida na Terra, desde que a linguagem e os sentimentos permitam-lhe senti-la deste modo, apesar de as pessoas estarem cientes do perigo, isto é, da possibilidade de que voltem a acontecer cataclismas, erupções vulcânicas, avalanches e outros fenômenos dessa natureza. Isto significa que a realidade prazerosa em oposição à realidade do ódio traz uma combinação de fatores cujos valores emocionais são muito fortes. Num sentido pleno isto constituiu, através dos anos, em nós mesmos aquilo que chamamos de Mente. Portanto, a cisão ou clivagem desses fatos emocionais proporciona uma base para o que podemos ver e utilizar do presente ou das ações em nossas vidas.

Nestes meus comentários, há um aspecto em relação à ignorância no qual quero insistir. Porque uma pessoa não pode dizer que ignora alguma coisa se não presume que devesse conhecê-la. Isto cria uma espécie de paradoxo. Portanto, parece mais sensato considerar-se este fato para se ter uma visão tão ampla quanto possível: tudo leva a crer que somos os únicos seres em todo o Universo, o qual, em si mesmo, não é conhecido totalmente, assim como não o é tudo aquilo que com ele se relaciona. Somos também, ao mesmo tempo, freqüentemente informados de pressupostos fatos ocorridos fora do Planeta. Este é o único lugar para estarmos, de maneira que a atitude de ignorância poderia bem ser substituída por uma atitude de desconhecimento de tudo. Nisto, novamente, estou em desvantagem como todos os outros devem estar, por não possuir uma linguagem suficientemente rica para ilustrar o que acabo de escrever.

A Geografia da Trama

Uso a palavra trama para referir-me à apresentação sempre clara que Shakespeare fazia no primeiro ato e na primeira cena de suas peças, introduzindo os atores, os personagens que estes representariam e oferecendo outras referências sobre os papéis, aparições e, às vezes, até mesmo sobre a ação que se desenrolaria no palco para ser vista e ouvida. Exemplo disso é o trecho do famoso discurso de abertura da peça *Ricardo III*, em que é dito: "Agora é o inverno de nosso desgosto....". Shakespeare dependia, para sua subsistência, de seu trabalho de escritor e ator. Quando a representação terminava, a sessão não se encerrava abruptamente, pois ele antes sempre dirigia uma palavra de agradecimento ao público, por sua presença no teatro. Esse era um traço da elegância inata da personalidade desse grande poeta da língua inglesa.

Proponho como trama, semelhantemente à de Shakespeare, o tornar-se consciente o mais possível do que está contido numa experiência de vida e, assim, se ampliarem as considerações a respeito do Play, aumentando as possibilidades de que ele seja reconhecido por todos os que apreendem sua verdade. O equilíbrio resultante de se estar mentalmente vivo, e não apenas programado para andar na cor-da bamba como um equilibrista de circo, constitui motivo de profunda reflexão, que pode incluir toda e qualquer tentativa de se ampliar a percepção acerca dos projetos adequados à realidade. Um cientista francês do século XVIII, J.B.L. Foucault, deu o nome de giroscópio a um invento seu: um instrumento sumamente elaborado e cuja finalidade é manter a estabilidade de aparelhos, sendo utilizado até hoje para ajustes no equilíbrio de navios, de aviões e de outros equipamentos ou situações que o exijam. Uma correlação pode estabelecer-se entre a utilização desse invento e o uso da psicanálise, que acrescentou considerável importância psíquica a tudo o que é mental. O conceito de fragmentação, tal como apresentei no prefácio, se possibilitar o reconhecimento da realidade, iluminará, da mesma maneira, o equilíbrio emocional. O termo grego endógeno, que significa "de dentro", pode esclarecer como um determinado Play torna-se claro verbalmente.

Do mesmo modo que Shakespeare iniciou a peça *Ricardo III*, podemos, hoje em dia, seguir no Play a apresentação dos "dramas" do momento ou a indagação "o que eu quero", que surge no pensamento e na fala. Entre os múltiplos exemplos menciono o minguante celeste, ou seja, o ciclo da lua anterior ao crescente. A redução, de longa data, da vivacidade da Natureza em diferentes áreas do Planeta, por terem sido modificadas com o advento de computadores, faxes, novos tipos de comunicação e de tudo o que se relaciona com objetos mecânicos, traz consigo um certo tédio no horizonte, incluindo ansiedades num mundo de incertezas decorrentes das mudanças que, cotidianamente, vão emergindo. Esses aspectos que ultrapassam nossa compreensão, e que se relacionam com a nossa sobrevivência, relembram, após a descoberta e o emprego da energia nuclear, os bombardeios de Hiroshima e Nagasaki ocorridos há muitos anos. E acentuam, hoje em dia, o conseqüente sentimento de fragilidade que paira em nossas mentes. Este é um outro aspecto a ser seriamente considerado por todos aqueles que conseguem percebê-lo.

A descoberta de Freud em *A Interpretação dos Sonhos*, obra elaborada em fins do século XIX, trouxe uma abertura para este tema. Os sonhos nos dominam durante o sono: eles são compostos de fragmentos visuais que se juntam, ou não, a emoções conscientes ou a visões, e satisfatoriamente só se revelam numa psicanálise profunda. Eles podem desaparecer de repente para nunca mais voltar, ou podem reaparecer, inesperadamente, se associando de algum modo a emoções ou a imagens visuais. Nas primeiras páginas do prefácio mencionei vários aspectos relacionados com os sonhos e como eles são. Sua existência significa mais do que simplesmente algo que é ou que começa, pois nunca sabemos como algo começou. O que torna inútil, e até mesmo absurdo, postularmos qualquer substituto para lidar com o vazio com o qual nos confrontamos ao tentarmos concretizar o que não pode ser pensado nem verbalizado. O que eu escrevo mais valor terá, na minha opinião, quanto mais cedo esse aspecto do Play for apreendido. No cotidiano freqüentemente nos defrontamos com uma linguagem que tenta, supostamente, expressar o que está acontecendo, e faz isso por meio de expressões que não se aplicam ao que se passa no nosso interior, em nossa vida mental. Parece que, no lugar das realidades e dos fatos psíquicos, relatamos e praticamos rituais. Mas a psicanálise não deve ser confundida com rituais, curas, nem mesmo com as chamadas melhoras, uma vez que, diferentemente de todas essas possibilidades, ela se vincula, exclusivamente, ao desconhecido de cada sessão. Meu conceito de fragmentação abrange a mente da criança desde o começo, antes e depois do seu nascimento. Reuniões de fragmentos acontecem de forma invisível e inconsciente. A dor e o prazer da criança, seu impulso para a vida, distintos dessas mesmas emoções quando vivenciadas por sua mãe, vão expressar-se na fala e na linguagem.

O padrão de fragmentação prossegue e se expande dentro do espaço que o contém. Esta é uma definição de crescimento. E a vitalidade desse processo dependerá da frustração que a discussão inevitavelmente promove, pois a confrontação com esse sentimento constitui uma ocorrência persistente. Em sua teoria sobre as espécies, Darwin expõe a evolução humana nas conclusões a que chegou e que formulou através do conceito de "seleção natural". Por nos utilizarmos de palavras com vistas aos nossos propósitos cotidianos, consideramos que a linguagem se torna fonte de vigor mental, que corresponde ou não à realidade. O trabalho psicanalítico procede do desconhecido presente na experiência do próprio psicanalista, que lhe permite examinar, com o analisando, o que surge na sessão. Estou escrevendo este esboço com o que se vai tornando, a cada momento, disponível para mim, valendo-me da ausência de forma ou da fragmentação do que podemos chamar de "nascimento emocional", repetindo, em sua essência, tudo o que dessa experiência se acumulou em mim desde a infância.

Anos de prática psicanalítica deram-me a convicção de que a mente não deve nada ao cérebro, pois os sonhos sonhados deixam sua presença presente: a tentativa de expressar essa apreensão com palavras é tarefa para uma análise. O que se espera é que a personalidade seja permanente como a impressão digital. Penso que o meu conceito da função de fragmentação baseia-se nos sonhos, que, num momento preciso, estão ali e, dali a um instante, desaparecem. E acredito que a possível origem dessa função seja a observação que as crianças pequenas fazem do aparecimento e do desaparecimento das pessoas em seu cenário cotidiano sem qualquer explicação; os efeitos dessa vivência podem muito bem se desenvolver mais tarde em seus sonhos. Vestígio disso é o peso da interferência excessiva das instituições, tal como se emanassem de uma instância superior. No prefácio, eu disse que não iria me preocupar em oferecer explicações sobre a causalidade ou a origem dos fenômenos. E foi pensando nos hábitos aparentemente "ansiógenos" da idade moderna que me referi ao peso das instituições, que impede o acesso à consciência daquilo que subjaz à vida cotidiana, e isso ocorre de tal forma que questões essenciais ficam privadas de alternativas. Mas não estou convencido de que isto seja uma realidade para todas as pessoas. Exemplo de que o peso da interferência excessiva das instituições não se abate igualmente sobre todos os indivíduos é a franqueza com a qual declaro minha idade, e reconheço que não poderia ter elaborado essas observações que acabo de escrever, se não tivesse vivido o suficiente para fazê-lo.

Com o intuito de que o conceito de fragmentação se torne mais claro, caso isso ainda não tenha acontecido, presentifico a seguinte situação: algo visto através de uma espécie de bruma, quem sabe, um lampejo de algo irrepresentável e, portanto, sem forma. Esta singular experiência possibilita a apreensão de que esse algo inusitado que foi visto ou percebido, mas que, mesmo assim, é indizível e irrepresentável, possivelmente surja do desconhecido. Muitas vezes cheguei à conclusão de que seria apropriado chamar de crescimento aquilo que "se junta" na mente da criança e faz com que ela se torne "ela mesma". Mas podemos também concluir que o Play desses aspectos conferiu coerência e formas à vida. Um exemplo comum disso é quando as crianças, a partir dos dois ou três anos de idade, comunicam aos seus pais que vão brincar com as crianças da vizinhança. Os pais, em geral as mães, dizem "muito bem, mas você tem que me prometer que vai se comportar e não vai fazer muito barulho". Ao ouvirem essa recomendação, elas, sem dúvida, afirmarão que sim, mas, em silêncio – e, em certo sentido, sem nem mesmo saberem –, vão-se embora e começam a fazer exatamente o contrário daquilo que aquiesceram fazer; em geral, uma criança exerce liderança sobre as outras.

Este fato depende das diferenças individuais que ocorrem no desenvolvimento – e este mesmo fenômeno acontece com os adultos, pois não me refiro aqui à idade cronológica e, sim, ao espaço interno de cada um. É nesse espaço que se dá o agregado de fragmentos mentais. Ele se torna, então, um espaço para ser posteriormente atualizado, que protege o que foi construído na situação inicial do seio, ou em outros desenvolvimentos ulteriores. Esse espaço é uma reserva para aquilo que o "seio" ou outras reações favoráveis forneceram desde o início. Dizendo de outro modo: ele "funciona" como uma "casca de noz" para a atividade psíquica, deslocando-se facilmente, daí em diante, desta para a atividade física ou mental, ou, sempre que for necessário, para promover o crescimento. Há, além disso, o aspecto social dessa possibilidade ou desse espaço, que pode ser considerado natural, ou seja, como uma qualidade constante no todo que vai permear a vida. Isto demonstrará como as características humanas – o que é visível, agradável e dizível – se perpetuarão nas formas e nas produções de todas as eras, seja qual for o modo de sobrevivência dos bilhões de indivíduos no nosso Planeta.

A essência do que estou verbalizando é que, embora se possa falar de fatores únicos, nenhum deles permanece perceptivelmente distinto – tudo se encontra distorcido. Este é um dos modos de testemunhar o mundo humano. A psicanálise me mostrou uma alternativa que percebo menos sobrecarregada de palavras, ainda que esta mudança na linguagem tenha sido um doloroso resultado do Play, revelando que ódio e amor são emoções inseparáveis. As nuances de significados permanecem razoavelmente iguais em forma e valor. Este parágrafo, no entanto, se debruça sobre a pergunta: são as crianças pessoas distintas, possuindo uma certa especificidade, ou são tão somente um grupo de pessoas? Qualquer grupo composto por mais de duas pessoas se torna uma versão infinita, passível de ser observada. O crescer e o minguar da lua, aos quais me referi anteriormente, e aquilo que eles pressagiam, ainda estão sujeitos ao inevitável. Há um antigo provérbio inglês que diz: "O tempo e a maré não esperam por ninguém". (*"Time and Tide wait for no man"*). Portanto, a realidade é, apesar de tudo, o que o Play pode suportar diante das circunstâncias.

Tenho procurado fazer uma aproximação para esclarecer o Play das crianças, assim como o de seus pais. Para tanto nos voltamos para os sonhos, ou deveríamos prosseguir retornando a eles – sonhos de todo mundo, partindo do que é manifesto e aprofundando até seus fragmentos mais ínfimos, até a cópula dos pais. A única instituição de que temos – eu ou qualquer pessoa – conhecimento é a própria vida. Penso que, na maturidade, ninguém quereria qualquer outra coisa; daí a frustração dolorosa por termos de nos adaptar a futilidades, que se tornam a substância de todos os dias. Shakespeare afirmou: "*we are such stuff as dreams are made on*"[1] – e disse isso porque estava em contato íntimo com sua personalidade e com suas experiências, como revelam seus escritos. Considero muito pertinente essa sua observação, isenta de qualquer contra-senso, embora o mais importante seja a referência à substância– *stuff*. Como e por que conhecer de antemão o desconhecido? Isso enfatiza a citação que fiz de Bion no prefácio, e a resposta é: uma psicanálise.

Contudo, creio que surge uma questão que merece nossa consideração: existe uma fronteira entre o tangível e o intangível na mente humana? Ou, tal como uma peça no palco, podemos libertar-nos da linguagem? Não posso prometer, mas posso tentar responder. Estamos todos conscientes da importância das questões que são transitivas – tangíveis –, porque as sentimos assim. Quanto menos livre é o intransitivo – intangível –, mais nos sentimos frustrados, pois as duas alternativas – tangibilidade e a intangibilidade – devem ser consideradas juntas, formando um todo. Parece-me razoável interpretar o tangível como sendo as extensões reconhecíveis, e o intangível, como um mistério não-revelado a nós, já que a temporalidade se apoderou do mundo mental do homem. E o que o escondeu tão completamente? Afirmei no prefácio que o principal medo do Play é o medo da morte. Isto é tangível e, posto que é verdade, não creio que possamos arquivar o intangível como se ele fosse de menor importância.

Proponho-me agora apresentar uma possibilidade que dificilmente pode ser recusada pela realidade de todas as instituições conhecidas. Nenhum casal que queira ter um filho precisa usar a palavra sexual para realizar esse desejo. Nos momentos importantes da vida, quando a Natureza é genuinamente respeitada, os indivíduos

---

1. The tempest
Ato IV, Cena I Linha 156

não precisam de qualquer regra – além de terem crescido e se sentirem finalmente livres para contar consigo mesmos. Enfatizo que a percepção física que as crianças têm das realizações dos pais, motiva-as a seguir seus exemplos. Crianças de qualquer idade sentem vontade de saber mais por si mesmas e, por isso, estão sempre em busca do que pode ajudá-las a se sentirem mais confiantes. Idealmente, não deveria haver motivo para os pais, ou qualquer outra pessoa, enfrentarem esse comportamento das crianças como se fosse um problema; esta conduta manifestaria um tipo de Play bastante adulterado, que impediria o retorno do intangível a uma atmosfera respeitável. Dando crédito à psicanálise como fiz por tanto tempo em minha vida, chamo a atenção para a influência de uma psicanalista notável deste século, Melanie Klein (1882 – 1960), com quem, assim como Wilfred Bion, tive a felicidade de trabalhar durante minha formação. Foi a clara percepção do trabalho psicanalítico desenvolvido com crianças e adultos por Melanie Klein que me levou a adotar, não só o conceito de fragmentação, como muitos outros que se fundamentam na firme e consistente visão que ela possuía acerca dos fundamentos da psicanálise descobertos por Freud. Faço tais referências, nessa oportunidade, por julgá-las importantes para aquilo a que dou o nome de intangível, que evoluiu na mente de Melanie Klein, que foi quem, intuitivamente, trouxe à luz este tema.

As análises de crianças realizadas por Melanie Klein proporcionaram revelações surpreendentes sobre aspectos do Play das crianças que jamais haviam sido reconhecidos, porque, além de permitirem uma apreensão das configurações psíquicas como agressão, sentimentos sexuais e outras, evidenciou a possibilidade de a psicanálise ajudar a diminuir a ansiedade, a depressão etc. Ela realizou essas descobertas a partir diretamente das interpretações que fazia, e, com base nelas, transformou o que antes era o desconhecido da vida mental, fazendo surgir do intangível um estado de mente transitivo. Esta é a essência do que havia de mais impressionante na pessoa de Melanie Klein. Seus escritos são bem conhecidos e, se alguém, lendo estes registros, quiser aprofundar-se nesse assunto, poderá consultá-los.

Apesar de sua imensa riqueza, essas descobertas de Melanie Klein são ainda inconcebíveis para populações inteiras do mundo atual. Isso porque, na minha opinião, a compreensão que conseguiu isolar o intangível requer muito mais abertura e reflexão do que aquelas que se tornaram possíveis até agora, podendo levar, ainda, muito tempo para se tornarem relevantes. E uma forma de superar essa dificuldade é nomearmos ou nos aproximarmos do intangível considerando-os sob diferentes ângulos, do modo como venho tentando. É por isso que me interesso em contribuir com algo que advenha das minhas próprias percepções, embora estas sejam realmente insignificantes diante do enorme problema decorrente do iluminismo atual – termo este que faz lembrar o período em que a filosofia iluminista floresceu em algumas partes do mundo, ou seja, na Europa do século XVIII.

Sabemos que, nos primórdios do nosso Planeta, os primeiros seres que apareceram na Terra, e aos quais poderíamos dar o nome de pessoas, já se assemelhavam ao que somos hoje. A própria estrutura dos seres humanos existentes naquela época era igual a nossa. O fato de podermos somente imaginar o modo ou a forma como esses seres humanos se confrontavam com a realidade – pois, inquestionavelmente, isso ocorria – significa que a qualidade do transitivo já aí existia. Portanto, os temores pela vida e as ansiedades envolvidas eram, para aquelas criaturas, os mesmos que hoje sentimos. E o fato de não conseguirem acalmar suas ansiedades usando apenas os seus sentidos resultou nisso que nós também temos: a necessidade de obter alguma segurança e amparo para a vida e para as crianças que vão nascendo. De todo modo, nessas outras eras se lidava com um determinado tipo de percepção ao qual dou o nome de intangível, e essa maneira de lidar continuou a mesma por incontáveis eras, até os dias de hoje. Do meu ponto de vista, essa percepção necessitava emocionalmente de recursos, de um tipo que podemos chamar de mental e, talvez, com capacidade para sentimentos. Não podendo alcançar o sentido daquilo que a visão da realidade do mundo proporciona, o homem é levado a desenvolver as diferentes religiões que vemos surgir à nossa volta. Nada mais poderia tê-las produzido. Além disso, é oportuno levar em conta que nossos semelhantes de outrora poderiam alucinar, aterrorizarem-se com os seus sonhos, e, portanto, estarem ocupados com a mesma necessidade de sobreviver com a qual ainda lidamos hoje. Os elos a que estou me referindo permanecem, mas as condições que existiam nos séculos passados nem de longe se aproximam daquelas que temos hoje, tanto no que se refere a recursos, a conhecimentos das condições climáticas e suas mudanças, como também no que se relaciona às facilidades para viajarmos e nos comunicarmos uns com os outros, e assim por diante. O que quer que se tenha incorporado nesse sentido, sem dúvida foi muito importante; dessa forma, nosso vocabulário se transformou e, conseqüentemente, se expandiu enormemente. Não existiu uma Melanie Klein nas épocas passadas, mas o trabalho que ela realizou, e que descrevi com alguma intuição, aperfeiçoou o conceito de transitividade, tornando ultrapassado o pensamento iluminista do século XVIII. De modo geral, torna-se possível conceber as chamadas religiões como imaginação primitiva ou criações alucinadas. Mas até mesmo esta visão pode tornar-se ultrapassada. Embora perceba que ainda estamos longe de atingir este nível de evolução, não há dúvida de que num futuro próximo o que escrevi acima ainda poderá se perpetuar. Por outro lado observo sinais que apontam, por exemplo, para uma possível diminuição, ou até mesmo para a abolição, das guerras entre religiões.

Penso agora na situação emocional dos jovens de hoje que possam interessar-se sobre isso que escrevi. Será que eles poderiam apreciar o presente e se aproximar de uma proposição mais atual (*up to date*) da realidade – no sentido em que emprego o termo realidade? É bem possível. Nossos antepassados, mesmo nossos avós, poderiam sentir-se insultados com a idéia de que a religião seja apenas uma ficção, se comparada a uma vida presumivelmente desprovida desse sentimento. Wilfred Bion, nos anos 60, tornou claro que ele, como qualquer psicanalista, não estaria em condições de realizar um trabalho psicanalítico se falhasse na disciplina de eliminar, o mais possível, memória, desejo e compreensão. O que não inclui acima é que a religião está comprometida com memória e desejo, o que torna impossivel um verdadeiro trabalho psicanalítico.

A fragmentação em partículas de séculos de eventos, que agora são comemorados com entusiasmo e gratidão, foi muito bem recebida pela observação psicanalítica sobre a clivagem de fragmentos em mais fragmentos, tendo cada um deles começado, de uma maneira ou de outra, em algum momento sobre a Terra. Estou me valendo do aspecto literal deste assunto e da função psíquica dos sonhos. Quando Henrique VIII nasceu, certamente foi carregado nos braços por sua mãe, que, para acalmá-lo, andava por todo o quarto embalando-o suavemente a fim de que ele dormisse e sonhasse. Esta situação se repete hoje em dia do mesmo jeito; poder-se-ia visualizar uma imagem idêntica para todos os bebês. Esses aspectos tópicos de elementos atuais da vida mostram a civilização prosseguindo com fenômenos semelhantes; portanto, o que eu estou escrevendo permeia a totalidade dos acontecimentos humanos. A Inglaterra ainda é, em espírito, aquilo que era – uma ilha –, quando Henrique VIII era rei.

Acidentes

Creio que o termo "acidentes" é apropriado para continuarmos abordando o Play, que é o meu tema desde o prefácio. O Play dos acontecimentos da vida ou qualquer outro aspecto seu que consideremos é constituído por características inerentes ao homem, como avidez e inveja, amor e ódio, e a constante crueldade, tal como atualmente se manifesta em muitos pontos da Terra. Estas características são, infelizmente, acidentes da vida. As últimas guerras mundiais – tão desastrosas para a Alemanha e para outros Países – como igualmente as mudanças que delas decorreram, e que se manifestam em tudo e em toda parte, devem ser aceitas igualmente como acidentes. Não há por que tecer considerações morais a esse respeito. Neste momento em que escrevo, os russos e muitos outros povos se deparam com grandes problemas, e a Europa luta para renovar-se e para ajustar-se às condições modernas. Diante desses fatos pergunta-se: por quanto tempo irão perdurar essas condições modernas? E o que permanece é, como se sabe, transformado em alguma outra coisa, por meio de outras pessoas ou de acontecimentos internos, como acontece com as famílias, com os grupos e com as religiões – persistindo nestas últimas algumas forças perturbadoras. "Eventos vindouros lançam suas sombras antes deles". A repetição de eventos emocionais ou de acidentes – como a avidez e a inveja – tem continuado, e a consciência sem palavras também continua diante das alterações físicas de regiões inteiras do Planeta, na eternidade do tempo e da matéria.

Furacões e temporais deixam as pessoas que os vivenciam numa situação de perda e de desespero sem paralelo. Esses acidentes despertam em nós compaixão e o desejo de ajudar os sobreviventes o quanto for possível. Mas volto a chamar a atenção para este aspecto: não se testemunha, por parte das pessoas que sofrem as conseqüências desse tipo de acidente, nenhuma demonstração de ódio contra a Natureza em evolução que se manifesta através dele. O dilúvio bíblico no tempo de Noé, por exemplo, foi transformado, por uma necessidade emocional, numa história miraculosa – o que não aconteceu com todas as outras grandes inundações que ocorreram na região dos Rios Tigre e Eufrates. Esta transformação em milagre de fatos desastrosos é, simplesmente, um caso ilustrativo daquilo que não é adequado à verdade de um evento. A desconsideração da verdade de ocorrências como essas resulta em crueldade: e este é o preço imposto pela religião.

Pode-se atribuir a existência de Shakespeare, tal qual a conhecemos, a um acidente afortunado da vida. Outro acidente de importância similar foi o aparecimento de Freud e o seu talento para captar a mente humana em sua profundidade. Comparáveis a estes dois acontecimentos da nossa não muito longa história são o sem número de existências merecedoras de respeito e que remontam a períodos significativos da humanidade. Considero também importante e casual acidente a afirmação que faço no prefácio deste livro de que o mais importante medo do Play é o medo da morte. Esta afirmação tem o mérito de sintetizar as referências que fiz, com base em observações também minhas, sobre o destino da humanidade, tornando-as, assim, mais evidentes e úteis para o futuro de todos nós. Referências acerca desse âmbito da existência haviam sido, de diferentes maneiras, formuladas por outras pessoas. Mas posso afirmar que a descoberta e a formulação dessa singularidade do Play – de que o seu maior medo é o medo da morte – tornaram-se, no processo evolutivo das idéias sobre esse âmbito da existência humana, a ponta de lança que nos aproxima do reconhecimento da vastidão de outras características suas, cujos importantes significados ainda permanecem encobertos. Teria sido muito proveitoso se eu tivesse alcançado antes a consciência que agora possuo de quem eu sou. Mas não a possuía até que, através da psicanálise, o conhecimento de mim mesmo veio gradualmente à luz, da mesma maneira como acontece agora enquanto estou escrevendo. Os hábitos que todos temos são fatores individualmente constantes, podendo ser vistos como sendo os mesmos em todas as pessoas, mas sabemos que não o são. Trata-se de fenômeno semelhante ao da impressão digital: universal porque todos a têm, embora sejam características individuais. Algo semelhante se passa com a Natureza e com os fenômenos geológicos do nosso Planeta: a única diferença é a qualidade da substância que vai perdurar – e uso a palavra substância com o mesmo significado que Shakespeare conferiu ao termo *stuff*. Existe nos tempos modernos o hábito, possivelmente passageiro, de se considerar a riqueza como um fator de felicidade. Este hábito pouco a pouco vai-se desgastando sem qualquer explicação, como todas as tendências da Natureza em qualquer de suas realizações. É como um tipo de Play, que considero um fato em si mesmo. Se as pessoas que gostam de falar sobre sua riqueza ou pobreza no âmbito financeiro conversassem sobre os aspectos essenciais de suas próprias vidas, outros assuntos se associariam a este e esclareceriam nuanças ou características delas que permanecem obscuras, e isso ajudaria as pessoas a se manterem mais tranqüilas e equilibradas. Se elas preferirem usar máscaras de gás para evitar os perigos das fabulações e da insensatez, podem tentar. Mas neste momento, no mundo inteiro, o fator Play não pode prometer nada melhor do que as possibilidades existentes.

O Play dos eventos pode ser observado no universo de todas as pessoas, embora nem sempre elas o considerem importante, uma vez que ele se subordina ao desconhecido de cada um. Na tentativa de ilustrar como isso se dá, tomo como exemplo a vida de Henrique VIII (1491- 1547). Ninguém poderia ter antecipado o acidente político que transformou os acontecimentos de sua existência em história. Há relatos conhecidos dos problemas causados pelos seus casamentos, que se tornaram mais graves pela sua relação conflituosa com as leis de Roma e a conseqüente crise que geraram no seio da própria instituição religiosa inglesa. O poder nas mãos de Henrique VIII era supremo, o que decorreu de fatores históricos. Por outro lado, a vaidade pessoal e o sentimento de onipotência eram elementos predominantes e determinantes de sua personalidade. E aquilo para o que eu chamo a atenção é que essas características da personalidade de Henrique VIII levaram-no a lidar com essas circunstâncias históricas de uma maneira que ainda hoje não seria tolerada. O motivo principal que me leva a tomar como exemplo a vida desse legendário rei da Inglaterra é ter o rompimento da Igreja da Inglaterra com a de Roma, para o qual sua vida contribuiu, constituído um fator que até agora não foi suficientemente avaliado, apesar de esta separação ter determinado uma onda de instabilidade que, de forma nunca vista nem antes nem depois, se propagou pelo mundo inteiro através do Império Britânico. Uma das suas decorrências é ter a América do Norte se tornado o lugar mais acolhedor do mundo para a língua inglesa. Mais ainda: ter o enorme desenvolvimento do poderio norte-americano assegurado um lugar de destaque para essa língua e para o atual Reino Unido. Esta perspectiva jamais poderia ter sido antecipada. Todos nós, agora, percebemos e reconhecemos que a língua inglesa continuou a se difundir pelo mundo, pela sua conveniência em face dos acontecimentos.

O hábil controle do Play – se é que se pode realmente exercer tal controle – traz efetivos benefícios quando pessoas talentosas utilizam os elementos da Natureza, porque têm condições de fazê-lo de modo adequado. Pelo contrário, sua utilização inadequada, como verificamos ter acontecido com o poder atômico, estimulou o medo de eventos futuros, e este fato não pode mais ser ignorado. Uma ameaça dramática paira sobre o mundo desde o primeiro uso das bombas nucleares, com claras repercussões no Play. É justamente esta perspectiva que insere minhas idéias numa passagem sombria, que tento iluminar com o senso comum – e é este o motivo pelo qual chamei esta parte do meu texto de "Acidentes". Há outro fato que causa apreensão, pois a fragmentação da visão sobre determinados aspectos do Play não é o único fator a ser considerado. Com o propósito de colocar no palco o mundo atual, remeto-me às conseqüências do acidente de Chernobyl, ocorrido perto de Kiev, na Ucrânia. Este evento, que aconteceu em abril de 1986, provocou um clamor internacional sobre os perigos das emissões radioativas, pois toneladas desse material vazaram dos reatores para a atmosfera. E uma conseqüente precipitação se fez sentir, como um acontecimento repentino, em regiões da Escandinávia, França, Itália, Norte da Escócia e de alguns outros Países. E embora as pessoas que viviam nas proximidades dessa usina nuclear não tivessem sentido, de imediato, qualquer efeito danoso em sua saúde, esse acidente não deixa de constituir uma ameaça de morte para o resto de suas vidas. Uma precipitação venenosa caiu ao redor de Chernobyl sobre milhares de pessoas, que se tornaram fadadas a sofrer de câncer e de outros sérios distúrbios num período de tempo imprevisível. Essa precipitação também penetrou no solo da região. Minha intenção, ao fazer considerações sobre esse fato, não é contribuir para que as ansiedades e as tensões causadas por desastres dessa natureza se intensifiquem, mas, sim, lembrar que esses sentimentos que pairam sobre a atmosfera da nossa civilização nos ajudam a suportar melhor os temores que resultam de uma maior conscientização acerca dos riscos que ameaçam a nossa saúde. Ter consciência dessas ameaças as quais atualmente ela se submete esclarece até certo ponto os sentimentos de angústia e de depressão que as pessoas atualmente experienciam, independentemente da vida particular normal que levam. Estes sentimentos geram uma espécie de lento entorpecimento, do qual podemos, felizmente, tornarmo-nos consciente, para o bem de nossa saúde mental.

Com o intuito de que nos voltemos para uma visão construtiva, lembremos os prodígios realizados por Charles Darwin no século XIX, que revelam o modo como ele emergiu do austero ambiente vitoriano no qual se encontrava mergulhado. E este ambiente foi fundamental, na medida em que lhe possibilitou ampliar a consciência acerca da existência física do mundo, o que fez a ponto de causar uma reviravolta na visão que se tinha sobre os fatos relacionados com a vida – e essa radical mudança de visão continua, ainda hoje, a incrementar resistências a suas descobertas. Não é raro que indivíduos realizem descobertas e abram, da mesma forma, novos caminhos em meio aos preconceitos dos povos. E, no que diz respeito à mente, Shakespeare, em seu tempo – entre os século XVI e XVII –, se dedicou a descortinar outra visão de mundo. Ele a consolida em seus escritos, com a distinção entre a consciência da privacidade e a da vida pública -- o que faz abordando a vida de todos os dias, em comédias como Falstaff com seus companheiros, em dramas profundos, nas peças históricas e, também, nas comédias românticas. O que também acontece com os sonetos, que igualmente expressam sentimentos profundos. A peça *Ricardo II*, um sucesso artístico, acompanha a mesma linha de eventos que eu ja mencionei, quando me referi aos acontecimentos posteriores, da época de Henrique VIII.

Este potencial da língua inglesa que Shakespeare descortinou e atualizou, qual seja, o de poder expressar o universo dos sentimentos, revelou as possibilidades que essa língua possui tanto para poesia como para a prosa, possibilidades estas que permanecem intocadas até os nossos dias.

Freud retomou esses achados nos tempos atuais, em sua abordagem sobre a mente, com base na qual estabeleceu os fundamentos da Psicanálise. Na minha opinião Freud, entre o fim do século XIX e começo do século XX, surpreendeu o mundo inteiro, e não somente os estudiosos da mente. Os sonhos, o inconsciente e os outros muitos aspectos e dimensões da vida mental que ele trouxe à luz despertaram reações apaixonadas, que persistem ainda hoje de várias maneiras. Tudo isso a que acabo de me referir não constitui nenhuma novidade; no entanto ainda não estamos convencidos de que esses aspectos e fatores estejam presentes em nossa vida diária. E isso porque prevalece a visão que temos a nosso respeito, que se limita àqueles traços que temos em comum com todos e que faz com que sejamos vistos por nós mesmos como população, não vendo aquilo que nos individualiza como pessoas únicas dentro de uma massa humana. Cada vez mais se torna evidente que o comportamento de alguns políticos, entre muitos outros atores sociais, perturba enormemente a vida. Tenta-se ignorar que o conflito emocional é permanente e inerente à condição de se estar consciente do Play de todas as coisas. O fato de não se travarem atualmente guerras temíveis como aquelas do século passado não significa que nenhuma guerra esteja ocorrendo. Uma profusão de guerras são travadas de diferentes maneiras e, pode-se dizer, de formas que até mesmo são úteis à vida e não causam tão somente destruição e sofrimento intoleráveis.

Onde estamos, nós, agora, no mundo humano? Escolhi o Play como tema pelo fato de ele possibilitar alguma liberdade em relação aos fatos que perturbam a percepção da vida em si mesma. Para mim, o Play é uma solução parcial na busca da sanidade mental. É inegável que o mundo se tornou confuso, mas sua fragilidade resulta de mudanças ocorridas sob todos os aspectos, inclusive acerca do modo como podemos enfrentar a hipocrisia e as mentiras – sendo importante nos lembrarmos que se trata de mentiras cada vez maiores. Minha visão se obscurece e entorpece, quando considero a mentalidade que prevalece em várias religiões, que não percebe – ou tem dificuldade de perceber – as conseqüências de seus princípios, que se baseiam no critério temporal, para decidir todas as questões relacionadas com a raça humana. Desta forma, os humanos se tornaram vítimas passivas das religiões.

O que temos hoje ao nosso dispor como instrumentos para a vida supera largamente aquilo de que dispunha o homem primitivo.

Como todas essas mudanças são consideráveis e continuam a ser constantemente aperfeiçoadas, o Play, na minha opinião, sairá vitorioso. Este resultado pode ser claramente percebido, embora as pessoas continuem se defrontando, durante a vida, com os mesmos fatos básicos. Como psicanalista, considero que aquilo que a prática psicanalítica oferece é amplo e profundo, e que a pequena importância que adquiriu decorre do fato de poucos terem acesso a ela e, portanto, aos recursos que ela propicia.

O recente crescimento da consciência sobre a falácia da história parece ajudar na aceitação das diferentes línguas, dos diferentes pensamentos e dos diversos desenvolvimentos e, portanto, dos diferentes aspectos que individualizam a vida de cada um. Por isso pode parecer antiquado que eu tenha ficado sem palavras em algum ponto destas páginas, o que é inevitável e se torna útil como prova de confiabilidade. As questões relacionadas com a evolução da personalidade humana podem tornar-se muito mais interessantes do que foram até agora, em virtude do que propicia a apreensão da realidade psíquica – e esta apreensão depende da capacidade que as pessoas têm de se conscientizarem de que, efetivamente, essa realidade existe, a despeito da depressão e de uma miríade de fenômenos mentais que tornam a mente semelhante ao funcionamento do aparelho digestivo.

Acho que as experiências que vivemos durante a nossa trajetória de vida são muito mais importantes do que o aprendizado no sentido da educação ou do ensino formal. Estabeleceu-se o ensino formal como necessário; contudo várias outras questões são importantes num sentido mais amplo – inclusive o Play, como forma de escolha e de movimento, e todo o tipo de contato emocional em constante transformação diante dos acontecimentos. Essas formas de escolha e de movimento e esses diferentes tipos de contato emocional revelam a vida em progressão, e em todas as idades, a partir da infância. Essa progressão pode ser acompanhada por sentimentos de todos os tipos – e os sentimentos também promovem valores emocionais a despeito dos eventos que os revelaram. A grande quantidade de juízos de valor com os quais nos confrontamos é de longe preferível aos sistemas de ajustamentos sociais, que já são conhecidos e vigoram permanentemente. Todas essas confrontações e relações emergem em sonhos de uma maneira íntima e profunda a qualquer um que as perceba, em contraposição com aquelas forças que buscam continuamente eliminar essa visão, pela clivagem que se alterna, quando estimulada pelos pensamentos de vida e de morte.

Podemos considerar vagamente como uma espécie de modelo a percepção de Shakespeare, que, antes de Charles Darwin, captou todo o conjunto da realidade humana e criou muitas expressões até então desconhecidas, que podemos assimilar no seu todo, e que cada pessoa, com sua personalidade, poderá reconhecer na contemplação dos sonhos e através dos sonhos de vigília. Somos gratos pelos valores sociais que se sedimentam no transcorrer da história de um povo como também por aqueles valores íntimos e pessoais que existem em nós. Num mundo que muda rapidamente, a privacidade e o turbilhão das demonstrações públicas são em si mesmas úteis para criar uma sensação mais flexível de bem-estar. Na minha opinião, tornar público o que é privado seria deprimente e perturbador, pois essas instâncias estão separadas em nós. Nosso infortúnio, na ação do Play, é termos ficado à mercê do sortilégio de distorções grosseiras da linguagem e da fala, de não termos permanecido imunes às manipulações que visam encobrir o fato da morte com o intuito de se evitar a presumível dor e a desilusão que sentimos ao nos tornarmos conscientes da realidade dos seres humanos, que é a nossa realidade. Penso na ajuda que as pessoas podem encontrar em si mesmas quando seus pensamentos e imagens se referem a eventos da vida, não importam quais sejam, desde que estejam livres dessas distorções. A percepção das emoções e idéias que resultam dessa experiência pode ser profundamente proveitosa.

Nos nossos dias, o planeta Terra tem sido visto e fotografado no espaço, de maneiras muito interessantes. Tais fotos nos impressionam, seja o que for que elas efetivamente transmitam. Quanto aos nossos pensamentos a esse respeito, eles dependerão do nível de compreensão que tivermos, como indivíduos, para julgar. Baseio essa reflexão no fato de que, fora e além da Terra, somos capazes de reconhecer um conceito estabelecido daquilo que surge como realização, e este é um ponto digno de nota. Mas o que eu não sei, nem consigo imaginar, é como essa reflexão pode ser traduzida em linguagem. Talvez o estímulo visual possa ser imaginado, embora na total ausência da linguagem, do nosso lado do firmamento por assim dizer, eu sinta somente uma frustração permanente. Há entretanto uma possível exceção ao que acabei de descrever, que é a recorrência popular às religiões e aos elementos que as compõem; mas essa recorrência é insuficiente para acalmar as ansiedades, pois até a linguagem para lidar com esse assunto depende inteiramente do repertório criado para nomear os acontecimentos do dia a dia. Pode-se também apelar para a astronomia e escolher as estrelas em seus cursos, já que elas permitiram por muitas eras e ainda permitem nos dias de hoje a navegação, seja só pelo mar como antigamente, ou, como atualmente, pelo ar. A totalidade dos projetos que visam colocar as pessoas no espaço externo exige muito mais do que se possa imaginar. A importância de eu não ser, nem querer ser, uma autoridade, é vital na minha opinião. Play é um fator voltado para os fatos da vida, e estes são dignos de um respeito perpétuo.

Se observarmos atentamente, somos capazes de avaliar o que está ocorrendo sobre a Terra em termos de sentimento, de emoção e, até mesmo, de evolução. Minha percepção psicanalítica encoraja-me a esboçar uma visão mental das muitas áreas do nosso Planeta, dos seus diferentes climas e das diferentes culturas que abrangem as raças humanas. Levando adiante essa reflexão da maneira como foi possível realizá-la até aqui, não quero deixar de lado a importância dos sonhos, isto é, de seus produtos, que condicionam as realidades psíquicas e conferem uma variedade infinita de significados ao processo de nos tornarmos conscientes de nós mesmos, e não só inconscientes, encobrindo nossas mentes com outros conteúdos. Espero que este tema possibilite uma visão da força do Play em relação às mudanças, dando seqüência, assim, a um assunto que tem sido de interesse primordial há incontáveis eras.

É muito importante distinguir os sonhos que são lembrados depois que acordamos daqueles que emergem numa sessão de psicanálise e que tornam possível revelar como e por que este fenômeno acontece, sem que dele tivéssemos anteriormente qualquer idéia. Embora a associação de vida e morte, juntas, no nosso pensamento consciente e inconsciente seja um indício vital para elaboração dessas questões, os sentimentos de amor e ódio são também altamente significativos em seu sentido e ação, quando lidamos com suas conseqüências na vida desperta. Porém, em que preciso momento acontece esse "estar acordado" quando estamos indagando literalmente sobre o "estar desperto"? Não é fácil se ter clareza sobre esse momento nem também dizer algo mais sobre ele, na medida em que somos visitantes temporários, acompanhados desde o nascimento pelo pesado fardo dos eventos cotidianos. Podemos mentalmente apreender isso desde o começo, quando na infância tudo está contido nos mais ínfimos fragmentos, os quais, depois, gradualmente vão-se agregando ao que podemos chamar de personalidades. O estado mental mais conveniente para um psicanalista é o que resulta de uma noite de pleno sono a fim de que ele possa, deliberadamente, não estar adormecido, mas vivenciando um estado de mente que o torna capaz, durante as sessões, de intuir o desconhecido na fala do paciente ou na atmosfera geral da sessão, sem necessidade de entendê-las. Num sentido estrito, a conduta do psicanalista, como eu já disse em algum outro momento, depende da sua capacidade de abster-se o quanto possível de memória e de desejo. Esse exercício do psicanalista deveria ser mantido durante todo o tempo, o que lhe permitiria ver a mesma pessoa como uma pessoa diferente em cada sessão.

Quando mencionei Darwin ainda há pouco, me interessei também por um aspecto comum a todos os seres humanos: a tendência que têm os indivíduos de se observarem uns aos outros, com uma curiosidade universal, resultando dessa observação a elaboração de uma infinidade de idéias, conceitos, gostos e aversões. Um fator importante na minha experiência psicanalítica com Melanie Klein foi a sua descoberta de um princípio do comportamento humano, a identificação projetiva, que implica ver-se psiquicamente em um outro, ou em outros, ou em qualquer grupo humano. A qualidade mental da projeção, ou o reverso dela num sentido negativo, é possibilitada por uma condição da pessoa que funciona como uma espécie de conexão de similaridades entre ela e as outras pessoas. Isso me leva a estabelecer um paralelo com o campo da entomologia, precisamente com o procedimento de um certo tipo de aranha. A aranha fêmea tece a sua teia depois de ter-se acasalado com o macho que escolheu e de tê-lo devorado imediatamente após o acasalamento. Isto lhe permite começar a tecer fios particularmente finos e elásticos com os quais apanha seu alimento, e, deles se utilizando, continuar tecendo sua teia. Este pequeno evento da Natureza se assemelha ao que acontece com os seres humanos em suas vidas intrapsíquicas, e, nesse sentido, tanto nos sonhos como nos sonhos de vigília. Como o fio dessa teia, a projeção de que falamos é dificilmente visível, mas, quando se torna um emaranhado, como a teia, o individuo fica vulnerável a sentimentos de toda natureza, como amor e ódio, estabelecendo-se, assim, fusões que dão lugar à alteração de funções. A partir de minha própria experiência de vida, posso afirmar que esse mecanismo contribuiu enormemente para o estabelecimento dos costumes humanizadores que podemos identificar. A consolidação de tais fatores leva Países de todo o Mundo a desenvolverem suas características específicas, suas religiões etc. Apelo para tal exemplo com o intuito de ilustrar o que disse acima sobre o mecanismo de identificação projetiva de uma pessoa, ou de milhões de pessoas, que, num determinado contexto, se tornam capazes de se comportar como se fossem parte de uma civilização ou, ao contrário, como se não o fossem.

Foi o meu tema, o Play, com o qual comecei este escrito e que tem sido relativamente livre de toda aquela autoridade a que me referi no prefácio, que me permitiu, junto com o meu conceito de fragmentação, expressar essa condição da raça humana que torna possível aos seres humanos se verem como humanidade, seja esta respeitada ou não como tal. A atenção que dediquei, como psicanalista, a esses poucos fatores relacionados com as descobertas de Charles Darwin me fez avançar para uma visão psíquica muito mais ampla do que aquela que eu antecipara. Infelizmente no estado em que se encontra atualmente o Planeta tais antecipações parecem ter trazido consigo um aspecto de instabilidade, que se expressa em levantes e perturbações sociais que envolvem um grande número de indivíduos. Referi-me acima àqueles que parecem ter perdido o controle de suas identidades e que, até certo ponto, lutam, sem qualquer evidência que identifique aquilo por que estão lutando ou sem qualquer consciência a respeito do que têm sido tais lutas, e se elas vêm ocorrendo em outros âmbitos. Essas lutas englobam o que se chama protestos favoráveis e contrários à lei e à ordem e se manifestam nas intensas rivalidades reforçadas emocionalmente pela inveja e avidez e tudo o que pode decorrer desses dois rivais mortais presentes nas mentes humanas.

Sobre o Oculto há um claro verbete no dicionário que o define como o "não-âmbito" de qualquer coisa que existe. Entretanto, nas descobertas que realizou sobre a mente humana, Melanie Klein observou um aspecto interessante e desconhecido em relação à sociabilidade ou à hostilidade no funcionamento mental dos seres humanos. Todo ser humano tece a sua própria teia, que sugiro significar a essência de sua própria personalidade. E o exemplo da aranha e de sua teia trazem à mente um outro aspecto fundamental: o infeliz uso de parte da nossa linguagem, para produzirmos falsificações sobre nós mesmos sem que as reconheçamos. Em relação a essa realidade, verifico que, a partir do nascimento, estamos todos sujeitos à idêntica monotonia de não conseguirmos, após havermos dito, pensado ou planejado qualquer coisa, pararmos e refletirmos a respeito das conseqüências do que disto pode advir. Espaço e tempo podem ser, e são, falsificados, parcialmente, em nossas vidas, como relógios que param, confirmando, desse modo, aspectos da vida e da morte de toda vida mental do Planeta. Em resumo, se freqüentemente existe um fato fundamental ligado à qualquer coisa, penso que é o desconhecido, que, se tornando manifesto, será ele mesmo. A aranha continuará a tecer sua teia impedindo a destruição total de tudo.

Assim a característica da identificação projetiva ou introjetiva revelou, para a psicologia, um aspecto que afeta a população humana com ansiedades, que poderíamos chamar de "buracos negros", pois os eventos psíquicos ocorrem de forma semelhante a certas hipóteses da cosmologia. Para esclarecer o que foi dito acima, a simples visão da aranha tecendo sua teia pode servir como modelo para o Play de todo o ser humano, pois sua personalidade decorre de sua própria "teia" – teia que foi tecida tanto nos estágios pré-natais como nos primeiros estágios pós-natais. A partir daí, os eventos resultantes do crescimento trarão frustração e manifestações de toda espécie. As ansiedades serão constantes, e não menores os chamados, por analogia, "buracos negros".

Outras Idéias

Exemplificando o que disse anteriormente, ressalto que considero o Play na vida de Charles Darwin um traço particular no desenvolvimento de sua personalidade latente. Ao que parece, sua visão de mundo ficou prejudicada por ter sido extremamente protegido na infância, tornando-se um jovem desprovido de qualquer segurança na percepção de sua vida emocional, numa Inglaterra vitoriana e evangélica. Passou sua juventude no ambiente confortável das famílias Darwin e Wedgwood, dentro do qual não se sentia estimulado. Gostava de caçar, atirar, cavalgar. Seu pai, um médico importante, mandou-o, aos 16 anos, estudar medicina em Edinburgo, onde permaneceu somente por dois anos, pois não aceitava a prática cirúrgica sem o auxílio da anestesia. Decepcionado, seu pai sugeriu, então, que fosse estudar teologia em Cambridge, onde Darwin ampliou seu interesse e gosto pela Natureza a partir do trabalho realizado pelo clérigo-botânico Henslow, que, por sua vez, considerou Darwin o mais notável dentre todos os seus jovens alunos de botânica. Em Cambridge, Darwin conheceu também o biólogo T.H. Huxley e o botânico Hooker, que se tornaram seus amigos e que, àquela altura, já tinham uma percepção da índole e dos sentimentos de Darwin. Nesse contexto, ele foi apresentado a FitzRoy, comandante do HMS Beagle, um brigue de 10 toneladas, que, reformado como nave de três mastros, faria o reconhecimento da região e o estabelecimento de uma cadeia de estações cronométricas ao longo das costas leste e oeste da América do Sul e de suas ilhas circundantes, inclusive as Galápagos.

Nessa época, Darwin tinha 23 anos e, antes de realizar essa viagem, escreveu a FitzRoy agradecendo o fato de tê-lo aceito como naturalista voluntário e admitindo que considerava essa oportunidade um "renascimento de si mesmo". Levou em sua bagagem, para estudo, alguns de seus livros, aos quais se acrescentaram aqueles que faziam parte do acervo da biblioteca do Beagle. A expedição partiu em 1831 com a previsão de que a viagem duraria em torno de dois anos, mas ela se prolongou até 1836. Durante esse período de cinco anos, Darwin sentiu-se muito grato, não só pela oportunidade de adquirir um conhecimento prático sobre geografia, como também pela possibilidade de desenvolver em campo sua incomum capacidade de colecionador, seu raro talento como observador e como teórico capaz de promover uma investigação profunda. Favorecido pelo acesso ao significado daquilo com que se deparava e emocionalmente estimulado, registrou meticulosamente todas as suas observações sobre o grande número de objetos e espécimes que via. As referências que fazia em cartas a sua família, os achados que coletou e que trouxe consigo para a Inglaterra e, particularmente, as cartas que escrevia aos amigos cientistas provocaram entusiasmo neles e, em troca, lhe deram um certo renome. Sua visão resultava de uma percepção tão abrangente e, ao mesmo tempo, tão minuciosa do tangível, que, posteriormente, foi de grande valor para os que o ouviram, quando de sua volta, apreender o intangível revelado. Ele escreveu sobre o aspecto geológico da América do Sul e, nesses como em todos os seus outros escritos, procurou sempre encontrar as leis universais dos fenômenos que observava. Entre suas obras ressalto: *Sobre a Origem das Espécies por Meio da Seleção Natural* e *A Expressão das Emoções no Homem e nos Animais*.

Em janeiro de 1839, casou-se com sua prima em primeiro grau Emma Wedgwood, cuja fortuna, dedicação e habilidades domésticas lhe permitiram trabalhar e ter tranqüilidade pelos quarenta anos seguintes, embora sua saúde fosse gradualmente declinando depois de 1838 – o que, certamente, constituía uma seqüela dessa viagem, durante a qual sofrera freqüentes enjôos e constantes perturbações digestivas. Embora fosse, algumas vezes, extremamente ágil, não era o tipo a que se podia chamar de robusto. Darwin e Emma tiveram dez filhos, três dos quais morreram muito cedo. Em 1842, deixaram sua casa na Gower Street, em Londres, e foram morar em Down House, na aldeia de Downe, em Kent. Era muito dedicado à mulher e aos filhos, mas os tratava como se fossem crianças – e minha impressão é que eles eram uma família feliz no ambiente daquela aldeia. Emma permaneceu ligada à igreja durante toda a sua vida, enquanto Darwin, um agnóstico convicto, acompanhava a vida das crianças na aldeia, comparecendo à igreja com naturalidade, como se se tratasse de um evento social. Sempre temeu ferir, com suas convicções agnósticas, Emma e Henslow, que também era praticante. Tudo faz crer ter ele se tornado um cientista nato em todas as ocasiões e questões da vida, independentemente do aspecto da evolução cuja investigação deu lugar a sua teoria sobre a seleção natural. Em junho de 1860, numa reunião da Associação Britânica para o Progresso da Ciência, aconteceu um chocante debate durante o qual o Bispo Wilberforce, de Oxford, indagou o biólogo T.H.Huxley sobre a sua proveniência do macaco. Esta constituiu a grande oportunidade para Huxley e Hooker aniquilarem a posição de Wilberforce na presença de um grande público e continuarem a divulgar a teoria da evolução de modo comparável a uma pregação evangélica.

Um dado da vida familiar de Darwin que me interessou particularmente foi ele ter obrigado sua esposa a lhe pedir sempre a chave principal da casa, dando-lhe, no entanto, autonomia para lidar com as demais chaves, como, por exemplo, com as dos armários. Esse procedimento sugeriu-me um sintoma psíquico da severa exigência de seu *self* mais íntimo. Uma seqüência de acontecimentos que conduziu, e até incluiu, à aventura do "renascimento" ocorrido na viagem no Beagle o fez florescer e superar a indiferença que caracterizara o seu comportamento na infância e na adolescência. Quando nasceu em 1809, a reação de sua mãe parece ter sido inexpressiva; e ela morreu quando ele tinha apenas 8 anos. Seu pai não reconhecia possuírem seus outros filhos essa apatia que caracterizava o comportamento de Darwin. E o seu envolvimento com a pesquisa parece tratar-se de uma vivência psíquica muito intensa, pois, se não o fosse, ele não o teria chamado de "renascimento". Não resta dúvida, portanto, ter sido a "origem" das espécies uma realização de fato, fruto de uma ação.

Reconheci um aspecto da fecunda intuição de Darwin num verbete sobre psicologia infantil, incluída na edição de 1992 da *Enciclopédia Britânica*, no qual há referência a ele como sendo a primeira pessoa a se interessar por esse assunto. Sem dúvida esse seu interesse resulta da arguta observação e precisas anotações que fez, em 1840, da personalidade de um dos seus filhos, "como se estivesse pesquisando uma estranha esfera da espécie". Outro aspecto que também pude observar foi seu refinado senso de humor, que o levou a descrever a fêmea como recatada e menos ávida que o macho quando participa da escolha de um parceiro. Darwin registra que a fêmea escolhe, não o macho que mais a atrai, mas aquele que menos a desagrada.

Acredito que Darwin passou por um período de profunda autoanálise. Isso relembra as palavras de Bion quando diz que, em psicanálise, surge para o paciente alguém que ele nunca conheceu. Quando morreu em Down House, em abril de 1882, dentro de poucas horas a notícia chegou a Londres e, atendendo-se a uma petição parlamentar, permitiu-se que seu sepultamento fosse feito na Abadia de Westminster.

Liberando o acesso ao oculto

Os acontecimentos históricos revelam que a existência do Oculto foi exaustivamente utilizada por um grupo reduzido de pessoas que a propagou, desde as primeiras eras da humanidade, com a finalidade de compelir os homens a acreditarem na sua própria imortalidade. Portanto, a mensagem que o título deste texto transmite é um tanto enganosa, como bem o demonstra a visão psicanalítica, que se mostrou útil na elucidação da história evolutiva da mente humana. E um dos fatos que essa história elucida é a trágica duplicidade do Play, que é a verdadeira base da corrupção que afeta a saúde mental que se instalou sobre a Terra, precisamente no hiato que se estabeleceu entre os hominídeos e os homens. Essa trágica duplicidade possibilitou mudanças de visão de mundo, sendo uma de suas expressões o Iluminismo, movimento que teve lugar, na Europa, entre os séculos XVII e XVIII. Mas a liberação do Oculto só se tornou possível com a revelação do inconsciente por Freud. Esta descoberta não constitui de forma alguma um acontecimento de pequena monta, uma vez que permite uma percepção psíquica mais acurada, a ponto de fazer vir à luz aspectos da vida mental que, de outra forma, permaneceriam no escuro. Essa evolução possibilitou-nos reconhecer aquilo que a história nos revela: o pavor e o sofrimento anteriormente fomentados com a propagação da idéia de imortalidade, e temos indícios de que estes sentimentos estão atualmente diminuindo.

Penso que, se focalizarmos este aspecto da mente a que chamamos de Oculto na personalidade de Charles Darwin – não só como menino, mas também como homem, com a qualidade perceptiva que o tornou famoso –, revelar-se-ia aquilo que descrevo como uma realização profunda de seus infortúnios, que outra coisa não são senão os fatores que vieram à luz com a teoria da evolução. As descobertas de Freud, no final do século XIX e início do século XX, originaram uma onda de alívio ao tornarem a mente conhecida – e estas descobertas, por certo, podem concorrer para a evolução das ciências humanas, como igualmente as percepções de Darwin serviram para a sua apreensão da evolução da vida. Freud apresentou-nos uma apreensão da mente, ao iluminar um aspecto do Oculto, o desconhecido. Desde então a essência da psicanálise repousa na habilidade do psicanalista em liberar o oculto no momento em que realiza o seu trabalho.

Depois de Sigmund Freud, foi Melanie Klein (1882-1961) quem revelou, em sua prática psicanalítica, a função da identificação projetiva como distinta do seu uso clínico, que possibilitou esquadrinhar, em âmbito mundial, as conseqüências das religiões, das seitas e das incontáveis outras crenças. Quando ofereço indícios acerca da projeção no Oculto dos diferentes sentimentos dos homens e de suas esperanças, certamente não sou o primeiro a vislumbrar as possibilidades que a raça humana contemplará e nas quais provavelmente interferirá. Essas possibilidades podem não só tornar–se um fator vital da própria civilização como vir a ser, talvez, gradativamente, um dos mais importantes. O elo entre a mente humana, a psicanálise e o seu uso potencial pode tornar-se permanente.

Consciente ou inconscientemente, todas as pessoas se defrontam com o Oculto em si mesmas quando vivenciam uma frustração ou uma perturbação emocional advinda da inveja, projetando ou "colocando" algo de si mesmas em outros, ou, inversamente, sentindo-se alvo das projeções deles. É quase impossível não chamar esses movimentos de hábitos mentais automáticos ou concebê-los como um fator básico do próprio comportamento emocional – que pode acontecer sob o ímpeto do ódio ou do amor ou de medos que se associam à dor ou a um sentimento de penúria emocional. E como forma de comportamento, qualquer que ela seja, esse fator – ou esses movimentos – pode despertar emoções de valor inestimável, principalmente se se apresenta como modos civilizados de sociabilidade. Um exemplo claro de identificação projetiva é a experiência vivenciada por um adolescente, menino ou menina, que, sob o ímpeto de um sentimento de admiração, quer ser, por exemplo, exatamente como um famoso jogador de tênis ou alguma outra pessoa extraordinariamente importante para ele ou para ela. Por sua vez, esses jovens que são alvo da idealização ou da projeção sofrem com isso. É esse funcionamento, consciente ou inconsciente, das populações de qualquer parte do mundo que é um campo fértil para que as religiões se difundam por toda a Terra e ganhem popularidade.

No estágio atual da evolução das ciências humanas, torna-se mais perceptível o irromper do Oculto. Os avanços alcançados por Freud, em fins do século XIX, através da sua obra *A Interpretação dos Sonhos*, levaram-no à descoberta do inconsciente, e sua decisão de instituir a psicanálise, logo no começo do século XX, propiciou a percepção intrapsíquica do que anteriormente era um aspecto do Oculto. Conjecturo se o termo Oculto, algum dia, deixará de ser usado pelos humanos, se considerarmos toda a população da Terra. Em nossa cultura ocidental, descobri Darwin e, além dele, Shakespeare, que exerce uma liderança ímpar em virtude dos personagens bem delineados que construiu e nos legou e que nos serviram para que pudéssemos tomar conhecimento do Oculto. Se eu conseguir esclarecer o ato de se tornar consciente da realidade, poderei igualmente oferecer indícios sobre como se insinua, ao longo desse processo, o próprio fenômeno da civilização. Esse esclarecimento pode auxiliar a transformação do que for possível do Oculto em algo tangível. Um dos problemas óbvios da cultura e de muitos outros aspectos dos homens e de seus produtos é causado pelo abandono de uma oportunidade momentânea por causa daquilo que concebemos, num sentido moderno, como o intangível ou o Oculto. Em geral, as mudanças de visão não se fizeram acompanhar das mudanças necessárias na linguagem de modo que a fala tivesse um maior alcance – tentarei transpor essa apreensão para os temas da prática psicanalítica. Dito de outra maneira: estou sugerindo que a ação da identificação projetiva tem sido aceita pelo mundo inteiro, embora os líderes envolvidos – ou que são seus alvos – não saibam disso. São os líderes que, convertidos com a passagem do tempo, são envolvidos na constituição e na permanência de governos e de outras tradições, e estes fatos se estabelecem de uma forma que, a meu ver, nunca foi debatida. Essa ausência de discussão tem provocado uma considerável perturbação, por exemplo, como acontece na política.

Com o intuito de resumir essa questão, abordo-a por um outro ângulo: milhares e milhares de rituais têm sido preservados e executados pelo mundo todo. Mais ainda: há desdobramentos desses rituais ou práticas no meio das próprias massas e, talvez, até mesmo, em nossa experiência atual nós reeditemos algumas delas.

A fêmea de uma aranha caseira tece sua teia elástica depois de ter-se acasalado e devorado o macho. Isso fornece a ela e às futuras aranhas uma fonte para a continuidade do seu trabalho. Este pequeno esboço revela um aspecto da Natureza, que é perpetuamente repetido na vida humana e em toda a vida animal. Embora limitados como seres humanos, em nós está incluído o intrapsíquico, os sonhos e os sonhos de vigília e muito mais: nós não somos aranhas.

Imperfeição

Os fatos que esse título sugere só podem ser considerados se os valores inerentes à existência humana forem percebidos numa perspectiva de evolução. Só desse modo parece ser válido tecer conjecturas a esse respeito, embora se façam necessárias, mesmo assim, algumas definições, com o propósito de se evitar confusão de pensamentos e idéias, dadas as incertezas acerca da criatividade humana. Assim, qualquer definição de imperfeição dependerá do objetivo visado. Minha decisão de admitir o Play como um fator tangível que convive com os intangíveis trouxe uma percepção maior acerca da natureza da existência humana desde o seu início. Portanto, antes de se tecerem considerações acerca desse aspecto da existência – a imperfeição –, é importante considerar as origens da personalidade, anteriores e imediatamente posteriores ao nascimento. Isto porque, do ponto de vista psicanalítico, desde o nascimento os seres humanos lidam com a dor e o prazer, tornando-se necessários, pois, desde a mais tenra idade, cuidados e atenção diária com a intensidade ou a debilidade com que se busca a satisfação. Estabelece-se, portanto, uma correlação constante entre as probabilidades decorrentes dos desejos e das expectativas e aquilo que ocorre em um determinado momento no meio externo. A percepção desta correlação é bastante simples, podendo ser imediatamente intuída após a manifestação dos eventos. Mas a percepção do Oculto – de não se saber o que vem a seguir – se repete, e ela leva a uma outra percepção: a da incapacidade de se evitar o sentimento ou o fato mesmo da imperfeição. Na prática psicanalítica, por exemplo, a sessão proporciona uma situação emocional que se oferece ao paciente como um refúgio para sua ansiedade e seu sentimento de perda, tal como ocorre na primeira infância. Por que, então – pergunta-se –, se considerar a possibilidade da imperfeição? A resposta é a seguinte: se não houvesse imperfeição, não existiria qualquer desejo ou objetivo de se continuar buscando alguma coisa a mais. O sorriso enigmático da *Mona Lisa* – a famosa obra de arte de autoria de Leonardo da Vinci que se encontra exposta no Museu do Louvre, em Paris – tem levado milhares de pessoas a questionarem o que, realmente, esse sorriso transmite. Mas somente Leonardo da Vinci poderia elucidá-lo.

Uma pequena aranha que fia sua teia precisa ser ágil o suficiente para remediar as conseqüências que uma forte rajada de vento, ao romper um de seus fios, pode provocar em sua casa. Igualmente na vida de todos os animais, humanos ou não, as alternativas que se colocam entre a destruição e a construção de algo não são outras senão aquelas que se estabelecem entre os aspectos positivos e os aspectos negativos da vida.

Mencionei anteriormente neste texto o que passo a chamar a partir de agora de vórtice: o produto da vida humana que contém aquilo que se tem à disposição para viver, destruir, ajudar, maldizer, amar e odiar. E o motivo por que formulo também essa definição é que teço conjecturas, consciente ou inconscientemente, sobre o estado emocional da mente como uma pessoa independente e que viveu o tempo suficiente para elaborar uma modesta visão acerca da diferença que predomina entre a verdade da mente humana e o que ela representa para a continuidade da vida.

Os elementos materiais da civilização são bem conhecidos e cuidados. Por sua vez, os elementos emocionais, os meios pelos quais eles se realizam numa perspectiva evolutiva, ainda continuam evoluindo. Infelizmente a possibilidade de serem absorvidas as marcas do desastre decorrente da crença na imortalidade humana tende a encobrir a imperfeição e, conseqüentemente, dificultar que sejam feitas considerações sobre ela. A imortalidade tem sido elaborada e professada como a cura ou o remédio para todos os elementos e aspectos espirituais do homem. O alcance último dessa idéia nos faz lembrar uma orgia de tolices cuja embriaguez difunde a crença no nada da realidade da evolução humana. E o que resta é apenas o desespero, que, além de ser demasiado doloroso, se esvai sutilmente na exploração da sexualidade, que deixa de ser aquilo que é, ou seja, tão somente uma lei da Natureza, passando a ser uma demanda de realização de desejos e, conseqüentemente, um desastre para a consciência humana, combinando-se essas duas perspectivas no interior do vórtice.

As línguas, a nossa e as dos outros povos, também têm-se constituído num grave problema para o Mundo. Como já vimos, até hoje nada sabemos nem do surgimento das diferentes línguas nem do modo como lançaram suas raízes no Planeta. Dessa forma, a ignorância torna-se uma imperfeição natural, útil até certo ponto, constituindo-se em algo sólido, mesmo que apareça retorcida e revirada em todas as direções, por não ser outra coisa senão uma imperfeição humana. Entre outras ocorrências questionáveis do uso da língua, chamo a atenção para a palavra "imaculada", que, embora literalmente signifique pureza, foi adotada com propósitos religiosos, que é precisamente o de conferir a Cristo a condição de isento do chamado pecado original. Mas – pergunto – o que fazer com tal concepção nos dias de hoje, quando, em hipótese alguma, pode ser negada à sexualidade a condição de realidade viva? E pergunto, ainda, se não seria colocada em risco a nossa sobrevivência se se esclarecesse que nada significa a superioridade atribuída ao imaculado?

Para tornar possível se avaliar as condições atuais, urge considerar a essência do dano que infelizmente é causado à mente de todos pela exploração realizada por grupos de pessoas que propagam o desejo de imortalidade e se utilizam, para tanto, de expedientes materiais e emocionais com o propósito de instituírem rituais adequados a esse fim. Prática esta que tem sido insistentemente recomendada como necessária, com o intuito de se conferir substância aos cerimoniais, os quais respeitam as diversidades raciais e culturais, as diferenças das condições climáticas e o atendimento daquilo que é básico e necessário para tornar a vida possível.

Como mencionei em um parágrafo anterior, os modos como se realizam esses rituais desencadeiam significativas manifestações emocionais, favoráveis ou contrárias aos costumes que vão surgindo. Esses aspectos culturais, entre outros fatores, têm sido tratados historicamente em virtude do crescimento da população envolvida e da ocorrência de movimentos migratórios. É indiscutível que a educação, no sentido moderno, e os governos de diversas épocas e regiões do mundo, com suas legislações e princípios normatizadores do comportamento humano, tenham influenciado, significativamente, os diferentes aspectos envolvidos no exercício da liberdade. Aspectos estes que, se tornando tradição, impregnam os diferentes graus e manifestações da civilização, que difundem diferentes maneiras de pensar e de organizar as leis que normatizam os diferentes campos da atividade humana, beneficiando a vida, apesar do grande sofrimento causado pelas grandes guerras que aconteceram no século XX. Contra tal pano de fundo, as minhas poucas palavras mal conseguem justificar o termo imperfeição. No entanto, ele existe em nossos dicionários e é proveitosa a percepção de sua importância dinâmica, ao dar lugar a diferentes emoções e linguagens na mente humana e acrescentar o benefício do pensamento e da fala em suas revelações, no aqui e agora.

A despeito de as imperfeições, na vida em geral, serem sentidas, mas não reconhecidas nem individualmente por cada pessoa nem pela educação, seria de considerável valor tê-las mais próximas da consciência. A consciência da presença ou da manifestação da imperfeição pode diminuir a amplitude do Oculto e favorecer a apreciação do tangível e do intangível, permitindo que os inícios de *insight* na infância sejam considerados em algum momento, ao longo do crescimento e até a idade avançada. O desenvolvimento da mente da criança, e sua capacidade de sentir a realidade desde os mais tenros anos de sua vida, surpreende as pessoas quando reconhecem, elas mesmas, os fatos, embora muitas vezes não achassem que isso fosse possível. Penso que indícios dessa percepção existem há muito tempo na consciência dos pais e de outras pessoas, mas só raramente ela foi considerada importante. Embora, como já antes afirmei, Charles Darwin tenha sido considerado o primeiro psicólogo infantil, foi Melanie Klein, uma proeminente psicanalista de crianças, quem considerou a possibilidade de se psicanalisarem os aspectos infantis. Com freqüência verificamos na história de jovens talentosos – que revelaram possuir extraordinários dons literários ou em outras atividades –, que seus extraordinários dotes determinaram uma redução radical do tempo de suas vidas. Exemplo disto é o jovem pintor francês Georges Seurat, que nasceu em 1859 e cuja extraordinária originalidade o fez fundador do neo-impressionismo francês do século XIX. Sua técnica, conhecida como pontilhismo, consistia em lançar mão de pequenas pinceladas de cores contrastantes para retratar os jogos de luz, fazendo suas pinturas reluzirem com esplendor. Sua personalidade permitiu-lhe, aparentemente desde a infância, considerar sua própria escolha artística de maneira bem incomum, embora sua vida tenha terminado quando tinha apenas 32 anos de idade. A intensidade do talento inconscientemente afeta a costumeira relação com o envelhecimento – usual no ser humano numa escala de idade e, relativamente, em uma determinada época. Este é o preço que a civilização cobra de muitos dos integrantes da população mundial. Mas é claro que isso se opõe aos nossos padrões atuais de juventude, que, aliados às novas descobertas científicas, revelam um nível de injustiça da vida que naturalmente desperta consternação por sua crueza. O sentimento de crueldade encontra-se profundamente arraigado na mente. Sou surpreendido pelas características da juventude, quando a força dos elementos de expressão e de convicção para a ação são acompanhadas de uma pequena capacidade de tolerância. Tendências como esta subjazem à força poética de Rimbaud, que foram expressas com grande dor e desespero. Ele também morreu aos 32 anos. E isto que ora assinalo é, naturalmente, a mais clara evidência do *insight* ou da consciência que o bebê e a criança têm da realidade – e que pode ser notado em todos os passos da vida, e não apenas nas tendências artísticas ou nas expressões da criatividade. Um indício das características que acompanham esse tipo de personalidade é um maior grau de independência em relação ao comportamento social e um respeito maior pelo código instintivo, revelando, assim, a profunda verdade da vitalidade, que sobrepuja as vaidades e se aplica a todas as áreas éticas da atividade humana. Pouco a pouco, portanto, alcançamos uma qualidade subjacente à evolução humana com profundas raízes na mente – uma indefinível liberdade de ação e de civilidade. Essa evolução nos possibilita uma amplitute de discernimento maior do que a pequenez do pensar e do criticar – dos sentimentos mesquinhos de desprezo, frutos da inveja dos comportamentos que não conseguimos igualar e que também atormentam com o medo da perda da realidade.

Linguagem viva emergente

Com o passar do tempo, a linguagem dos séculos XVII, XVIII, XIX e, ainda, a do século XX foi usada de forma diferente, pela necessidade de se manter atualizada. A vida cotidiana moderna beneficiou-se muito do conforto atual, advindo da existência de equipamentos que visam suprir todos os tipos de necessidade: cuidados com a saúde, o transporte, o aspecto financeiro, alimentos e água. Creio ser esta uma condição atualmente presente no mundo inteiro e que jamais existiu em épocas passadas.

Para que visualizemos essa dimensão da realidade humana ajudar-nos-á tomar como exemplo a obra de Dostoievsky intitulada *Crime e Castigo*, pois nela se faz presente um fator constante no mundo da existência humana. As ocorrências mudam de aparência e são submetidas a fatores que ora mantêm ora não mantêm sua monótona continuidade. Ignoremos as questões relativas à monotonia no texto que ora escrevo – este é o meu ponto de partida, pois, se assim não fosse, trataríamos de um aspecto morto-vivo. Algo pode estar sempre acontecendo, mas não pode passar facilmente despercebido. A percepção da realidade do mundo humano é perturbadora, embora as opiniões disponíveis nem sempre tenham posto em relevo esse ponto de vista. Suponhamos que se examinem as notícias diárias de algum crime atroz – este crime e o seu castigo cada vez que forem noticiados continuarão sendo uma questão a ser considerada com seriedade. Diferentemente de quando Dostoievsky escreveu a partir do relato daqueles que conheciam a história, hoje se tem a vantagem de se possuir uma visão fragmentada de todo o tipo de fatos que ocorrem constantemente. O que sugiro como digno de atenção em Darwin, além de sua disciplina mental, é a sua capacidade de observação que o levou a conclusões simples, ainda tão atuais, como a seleção natural e o seu valioso uso. Isto significa estendê-la para além da *Origem das Espécies* e acentuar sua utilidade, nessa mutante "sala de espelhos", com o intuito de se observar o que está acontecendo mental e emocionalmente na maneira de ser dos homens, que inclui, especialmente, os sentimentos de amor e de ódio, campo de turbulência emocional.

Desde Darwin, é evidente que um anseio consciente torna-se uma crescente necessidade de se atualizar a linguagem existente. Isto quer dizer: há um anseio consciente de se ter uma linguagem disponível para a novidade do Desconhecido. O fator dominante das descobertas de Darwin é a evolução, e ela ultrapassa as restrições impostas pelos hábitos lingüísticos alinhados com as formas usuais da linguagem em moda. Entretanto essa linguagem de alguma maneira faz referência ao que está acontecendo, ao que está evoluindo no mundo, possivelmente de forma mais rápida do que fora antes de Darwin. Graças à personalidade desse cientista, isenta de erros e de julgamentos preconceituosos muito profundos, ocorreu uma evolução mais rápida na observação dos fenômenos.

Essa afirmação que acabo de formular corresponde a um inesperado choque, a uma espécie de surpresa, mas que ocasiona, inevitavelmente, relutância em sua aceitação, até que se penetre na verdade dos fatos envolvidos. Um exemplo de choque – como o Play no sentido que acabei de mencionar – foi a possibilidade, anteriormente desconhecida, da aceleração de todo o tipo de comunicação neste século. Os computadores transformaram o sistema de comunicação no século XX, de modo que, quando comparamos esses novos equipamentos com o invento inovador de Blaise Pascal – a primeira calculadora digital –, podemos verificar a grande capacidade da evolução humana no sentido mecânico. Isto, em si mesmo, é um sintoma do que é capaz a evolução no sentido darwiniano do termo, embora a linguagem atual ainda não esteja em conformidade com esse processo evolutivo – ela terá de se alterar no novo espaço disponível, e aí se desenvolver rapidamente.

Penso que a capacidade disciplinada de se considerar o que quer que venha à mente, como também de se observar os acontecimentos, possibilita uma percepção em pelo menos dois níveis: como fruto de uma atenção direta e como um sonho que nos conduz a vagar sem esforço. Este último inclui aquilo que pode indicar o que está acontecendo, embora se dê como uma fantasia, que, mesmo desprovida de linguagem própria, existe. Então o sono com os sonhos, vagueando num espaço desprovido de linguagem, corresponderá inteiramente à evocação do termo evolução, ainda que este não a esgote. E, posto em ação, ilustrará algo da trama dos instintos de morte e de vida que prevalece, mesmo não sendo colocada em palavras. Pode formar-se aquém do presente, além dele, e muito mais além. A Natureza não dá saltos nem tão pouco a morte. A Terra e o seu movimento, dos quais não temos qualquer percepção consciente, estão juntos no espaço.

A percepção das possibilidades às quais aludo pode acontecer com a ajuda da disciplina de se eliminar memória, desejo e qualquer necessidade de compreensão. Bem entendido: nada do que escrevi diminui a importância da linguagem à qual temos acesso. A linguagem aparece e se estabelece com o evento, e não antes dele; portanto, aparece como um fator de maturidade. Isso sugere uma útil reflexão neste momento, a fim de centrarmos a atenção na infância da raça humana, e não somente numa vida infantil individual. O significado que a raça humana tem adquirido através da evolução é em maior proporção devido a experiências vividas, as quais nos ajudarão a perceber o que está acontecendo, atualmente, na mente infantil e no seu contexto emocional. Uma hipótese fundamentada na psicanálise do indivíduo é que, desde o início da espécie humana, foi feito uso da linguagem disponível para lidar com a realidade. Baseio isso na possibilidade de estarmos conscientes de que os efeitos da vida e da morte, assim como do amor próprio e do auto-ódio, são características combinadas desde sempre com o desenvolvimento gradual da fala e das outras capacidades da mente, de modo que podemos conhecê-los e reconhecê-los como frutos da evolução. Este fato corresponde a um esforço muito grande da consciência de dizer, de forma simples, o que jamais poderia ter sido previsto em qualquer época anterior – de forma que os novos eventos sejam assumidos como vindos juntos, através do tempo, até o presente.

Outra descoberta de profundo impacto no final do século XIX e durante o século XX e que ocasionou muitos novos eventos na mente humana precisa ser levada em conta no que se refere à linguagem.

Refiro-me às descobertas clínicas de Sigmund Freud, pois elas são fruto de sua grande experiência na prática da interpretação dos sonhos e, portanto, do inconsciente, do que adveio um extenso conhecimento da mente humana. Freud denominou esse processo de psicanálise, e é ele que venho procurando transmitir nesses escritos. A poderosa inovação possibilitada pelo trabalho desenvolvido por Freud se tornou evidente de muitas maneiras, inclusive na sucessão das controvérsias que surgiram em diversas e múltiplas circunstâncias humanas, embora raramente no que diz respeito à essência da mente. Mais do que dirigir a atenção para esse aspecto específico, preferi pensar que essas controvérsias resultaram das novas necessidades que exigiam a descoberta de uma linguagem adequada. Poderíamos chamar de um novo Iluminismo, ou o desconhecido nessa abordagem, o fato de que a obra de Freud transmitiu clareza àquilo que somos obrigados a pôr em evidência nas questões humanas – o Oculto, que o psicanalista realça em seu trabalho. Foi possivelmente esse aspecto, o Oculto, o item que despertou maior turbulência desde que Freud revelou suas descobertas, que agora estão solidamente embasadas. Há ainda um longo caminho a percorrer em relação ao que ainda é desconhecido.

A junção do consciente e do inconsciente

Existe, ainda em aberto, uma diferença psíquica, não reconhecida, de alternância nas trocas mentais entre emoções conscientes e inconscientes, que são permanentes. Esta alternância depende do que simplesmente se expressa a partir do conhecido e, possivelmente, do que pode também ser detectado num relacionamento interpessoal. Não creio que esse fato já tenha sido suficientemente esclarecido no âmbito da linguagem. E, na tentativa de realizar esse intuito, me utilizarei da visão psicanalítica vinda da minha própria prática clínica, que pode ser apresentada através da comparação que se estabelece entre um número limitado de adultos, que são colocados conscientemente na condição de autoridade, e grande parte da população, que acredita que esse grupo é aquilo que se propõe ser. Admitindo que o contexto em que isso acontece é o estado moderno, de modo consciente e inconsciente é sentido pelo povo em geral que todos são iguais, embora umas poucas pessoas se reconheçam diferentes e presumam que se distinguem dos demais. E o ato de constituição deste grupo como autoridade, se por um lado promove uma confiança consciente, igualmente desperta sentimento de ódio como também conflitos conscientes e inconscientes. Em face dessa realidade, talvez a política outra coisa não seja senão encenação, configurando-se como uma questão à parte a ser conhecida.

Para começar, refletiremos sobre a formulação dos dois inevitáveis lados dessa questão. É importante admitir que talvez se finquem na infância as raízes da constituição de tal grupo: as crianças pequenas de uma família observando e examinando o pai e a mãe adultos – ou o inverso. É o que este grupo em si mesmo sugere. Igualmente há a possibilidade de essa constituição enraizar-se na confrontação silenciosa, também numa escola, entre estudantes adolescentes e o corpo de professores, denotando-se nessa confrontação uma posição de suposta autoridade, bem como o seu reverso. Com o propósito de apresentar um exemplo do comportamento íntimo dos humanos no interior desses dois grupos, recorro à imagem de um palco de teatro. E amplio essa imagem de modo a que todos visualizemos as entradas e saídas desse palco – já que todo enredo implica ação –, além dos camarins e dos acessos a eles e a outras eventuais dependências do teatro. Até as cortinas se baixarão para que se executem as mudanças no cenário, como acontece num teatro de verdade. Pois bem, isso poderá sugerir a eliminação gradual das diferenças entre os pais envelhecendo, e os filhos jovens, que foram nascendo; do mesmo modo, como numa apresentação no teatro, para os atores que estão no palco, o público constitui um conjunto único e uniforme, suscitando a eliminação na platéia das singularidades que indiscutivelmente individualizam cada um dos seus componentes.

Tendo apresentado, em sua estrutura, o meu palco verbal-visual, continuo me utilizando dessa imagem para dar prosseguimento à abordagem a qual me propus sobre as questões que resultam das confrontações psíquicas. Lanço mão, também, do clima emocional de tolerância, ao qual se associa uma certa ignorância em torno dos acontecimentos que só se conhecerão no exato momento em que ocorrerem, tal como no exato momento em que são representados no palco. Em outras palavras: existe um constante conteúdo de fatos e emoções em ambos os lados, e deve presumir-se que existam em quaisquer circunstâncias. Suponho – esta é a minha visão atual – a existência de uma composição central idêntica, tal como um enredo ou drama, no interior de cada pessoa, que, continente de si mesma, é capaz de se amar ou se odiar. E, embora não haja necessariamente causa para esses conflitos, eles existirão, consciente ou inconscientemente. Esse drama ou enredo, intrínseco a cada indivíduo, igualmente tem lugar em sua vida e nos grupos aos quais ele sente que pertence.

Você que leu este breve prelúdio pode descobrir-se interessado em continuar na atmosfera a que me referi. Entretanto, a realidade psíquica que mencionei não o envolverá necessariamente. É claro que os detalhes podem prosseguir, mas é possível que você descubra ser verdadeira sua capacidade de aceitar que os desejos da vida incluem sua própria intenção ou suas intenções possíveis. Quando escrevi acima a respeito da inversão das funções que se verifica na percepção consciente quando ocorre a confrontação, pretendi que esse aspecto fosse considerado psiquicamente verdadeiro, a despeito dos sentimentos, idéias e desejos envolvidos em qualquer dessas confrontações mentais. E de modo muito condensado tentei compor uma espécie de representação visual da mente humana em sua existência e possibilidades, desde o nascimento, ou mesmo antes, e durante toda a infância, seja ela boa ou má. O mesmo acontece com todos os adultos, quer sua vida seja auspiciosa quer não, em ação ou na morte. Dizendo de outro modo: um relato do mundo humano subjaz às minhas considerações. Combinados entre si esses fatores inconscientes permitem observar, por meio do conhecimento no sentido simples da palavra, o que é Desconhecido e aquilo que é Consciente. Tudo o que escrevi até agora sobre o Play inclui o que existe na experiência humana. É preciso arcar com esse ônus para que se torne conhecido este aspecto importante: que a natureza da mente humana é uma espécie de receptáculo para o pensamento e para a fala. O consciente e o inconsciente são iguais no que diz respeito aos papéis que cada um pode assumir, seja realizando-os seja abandonando-os. Como exemplo cito a existência de uma ameaça pairando em torno da inconsciência das pessoas, uma ameaça a toda a vida, que, uma vez engendrada, persistirá. Refiro-me aqui à fissão nuclear e à capacidade destrutiva atômica presente em várias partes do mundo. Essa ameaça brota da percepção e alcança as profundezas da mente. Não é a morte em si, mas um equivalente seu, escondido nessa ameaça à realidade – uma presença inconsciente da ansiedade coexiste com o sentimento grupal que enfrenta essa ameaça negando-a ou descrendo da possibilidade de que venha efetivamente tornar-se realidade, ou, ainda, silenciando as dúvidas que persistem sobre essa descrença.

Nos domínios físico e mental de tudo o que se relatou, existe, de certa maneira, uma insondável infinidade de fragmentos da atividade psíquica, que, ora silenciosa ora ruidosamente, dão lugar aos mesmos fenômenos em remotos aspectos da mente. Em uma pessoa amor ou ódio pode aparecer repentinamente durante um sonho ou num momento de medo diante da possibilidade de estar louco, provocando o impulso de ficar inteiramente desperto e, assim, distanciar-se dessas situações. Essas ocorrências é o que se poderia chamar de bastidores ou os caminhos para a próxima saída ou para a próxima entrada no palco; e, se for preciso, para uma nova entrada.

Tudo o que foi abordado – e mais aquilo para o que não existe ainda uma linguagem disponível – explicita o que tem estado encerrado na mente humana desde que ela começou. Embora jamais possamos saber em que etapa da evolução da espécie, ou em que parte da Terra, ou em que tipos de raça ela teve início. Para os nossos propósitos, isso corrobora o valor intrínseco do Play com a fragmentação dos elementos, que provoca indagação não só nos psicanalistas como também nas diversas pessoas criativas das mais diferentes áreas da atividade humana. Conseqüentemente, compete a nós não banalizarmos as principais questões e acontecimentos da vida. Existe, sem dúvida, uma quantidade enorme de material mental que ainda não se tornou perceptível e que pode repentinamente aparecer sem qualquer indicação daquilo que expressa, podendo, até mesmo, transformar-se em seu contrário. Tratar-se-ia talvez de um armazenamento que reverte o próprio desconhecido em elementos da não-linguagem ou que lhe confere apenas uma aparência visual. Mais proveitoso do que teorizar é interpretar os acontecimentos inesperados à nossa disposição, exatamente como ocorrem em nosso cotidiano. Há uma similaridade, por exemplo, entre aquilo que um pintor talentoso e sensível vislumbra como uma paixão silenciosa e a imagem através da qual ele a expressa ao se voltar interessado para o seu pincel e para as tintas de sua palheta. Nenhum outro pintor poderia conceber e expressar essa paixão da mesma forma. Minha idéia é que ele não retrata somente aquilo que "viu". Mais que isso: um fragmento de sua consciência e de sua inconsciência faz nascer esse impulso. Algo de sua precoce origem contribuiu para que inesperadamente esse fragmento fosse trazido de volta à consciência por um movimento inconsciente que impulsiona uma pincelada de cor.

Pelo menos em minha imaginação Picasso contribuiu com inúmeros exemplos para o ressurgimento de acontecimentos psíquicos de sua infância e adolescência. E imagino que o mesmo aconteceu com Seurat – as obras desses grandes pintores constituem referências sobre a evolução de um indivíduo. Aliás, ocorre algo semelhante comigo neste momento, pois tudo o que ora escrevo surge de mim, além de estar igualmente acessível aos que me lêem. É como abrir um número infindável de entradas e saídas para o que até agora não havia sido registrado, e isso não vem da memória. Igualmente para o pintor tudo era desconhecido, até que emergiu aquilo que estava contido ou expresso em seu novo traço – como tudo mais na vida humana, incluindo uma vaga impressão dentro dele de como ocorreu o seu nascimento. El Greco, por exemplo, encontrou inspiração para sua pintura na terra e nas pedras de Toledo, empreendimento este que, pelo que eu saiba, nunca havia sido realizado antes.

Como comecei estas observações a partir do inconsciente e do próprio consciente, a conjunção perceptiva se ajusta à apreensão que é a personalidade de uma dada pessoa, e não a de uma outra, exceto quando se trata de expressões desprovidas de palavras: um gesto ou um repentino ataque de ódio ou de paixão. Mas não estou empenhado propriamente em criar uma linguagem, mas, sim, em oferecer uma versão que exemplifique o vórtice mental da vida interior de cada pessoa. Sem dúvida, há algo de onírico nessa tentativa de ressaltar o que ocorre no mundo em todo o lugar em que existem humanos. Da condição animal, os homens evoluíram e puderam contar com os sonhos, como uma espécie de relé para as emoções, para os pensamentos e para a ação. O assunto é profundo e se perpetua *ad infinitum*.

Prosseguindo

Suponho que, depois de ter lido o capítulo anterior e visualizado a questão de que ele trata, vocês concordarão, pelo menos parcialmente, com o meu ponto de vista de que os exemplos nele apresentados convidam para uma participação e um envolvimento com essa questão, que é indiscutivelmente soberana.

Ocorre-me inicialmente tecer considerações sobre os Países Baixos, sobre o povo holandês. Quando pensamos no povo da Holanda e também na sua mentalidade básica consciente e necessariamente inconsciente, devemos considerar a oposição existente entre ele e o oceano. Esta peculiaridade, me parece, orientou esse povo para o enorme trabalho de preservação de sua terra e, conseqüentemente, para o sucesso das várias possibilidades que conferiu ao Estado, que vão desde a colonização até a formação de empreendimentos comerciais em grande escala.

Associei esse assunto com a visão que considera existir uma clara correspondência entre o vigor do povo da Holanda e a consciência, e entre o oceano e a inconsciência. Esta visão também considera que esta dualidade preserva a sanidade desse povo. De fato, se nos ativermos às condições físicas da Holanda – seu clima e suas condições geográficas –, concluiremos que esse povo vivencia, em sua origem, uma condição infeliz. Todavia, essa condição desfavorável que lhe é própria nos leva a felicitá-lo e a nos solidarizarmos com ele, pela sua conquista ao superar tal condição, o que é fruto de uma excepcional coragem, engenhosidade e desembaraço diante da vida. O movimento do oceano e, em particular, as perspectivas atuais de um aumento do nível de todos os mares parecem representar um problema sério. Mas, na minha percepção, o ódio ao oceano, pelo que representa de obstáculo e perigo, é condição primordial para o movimento contrário de amor ao País e a si mesmo como povo. No entanto, se essa condição da Holanda, tal como Cassandra, pode tornar trágico o futuro desse País e o futuro do seu povo, o mesmo não acontece com a mente, pois, se as pessoas reconhecem o sentido da analogia que ora estabeleço, sabem dos novos recursos que têm de lançar mão para lidar com a sua própria realidade. Elas apreendem o sentido metafórico que conferi a essa peculiaridade da Holanda e do povo desse País.

A consciência, por sua própria natureza, é variável em qualquer indivíduo, como bem o mostram as descobertas de Freud. As forças derivadas do inconsciente igualmente variam em outras direções da atividade psíquica – no que diz respeito à sua ausência de forma e ao seu destino em evolução. Estes aspectos podem ser submetidos à experiência psicanalítica. No entanto, é importante lembrar que os sonhos são uma função psíquica relevante e não se esgotam ou se reduzem àquilo que eu ou qualquer outra pessoa possa facilmente descrever sobre eles. Eles são vulneráveis à percepção auxiliada pela experiência. É a experiência de vida – as iluminadas experiências pessoais – e a saúde do corpo que muito certamente conduzem ao desconhecido da mente, e não ao que já antecipadamente "se sabe".

É importante considerar que crianças pequenas podem ver e ouvir seus pais e, mesmo assim, se envolverem com suas próprias brincadeiras, suas brigas e seu prazer. Elas têm dentro de si, individualmente, tanto o acontecimento conhecido como o desconhecido – e isto acontece de forma análoga em todos os demais aspectos de suas vidas. Da mesma maneira – ao modo de um mesmo e contínuo movimento –, prevalece nelas uma confrontação com os pais, que as faz se tornarem gradualmente conscientes deles, embora, ao mesmo tempo, prevaleça, num sentido inverso, o impulso de irem pouco a pouco deixando-os para seguirem seu próprio caminho, como ocorre com a maioria dos animais. Se temos presente que é assim que ocorre, saberemos, quando a criança chegar à adolescência, que substancialmente ela é a mesma, mas acrescida de muito mais e que apresentará uma compleição diferente, decorrente das mudanças que se verificaram em seu processo de evolução. Com o intuito de oferecer um exemplo dessa condição, lanço mão da imagem anteriormente utilizada de um palco de teatro. De forma muito condensada revela-se, nessa espécie de representação visual, a mente – com todo o seu conteúdo – e as demais capacidades que o ser humano detém a partir do nascimento, e até mesmo antes dele. Reconhecemos, nessa espécie de representação visual, inclusive aqueles aspectos para os quais não dispomos de uma linguagem apropriada para nomeá-los. E assim procedemos, embora nunca venhamos a saber em que preciso momento da evolução da espécie tudo começou. Isso corrobora o valor intrínseco do Play e da fragmentação de elementos, que, como veremos, as pessoas criativas alcançam. Todas essas possibilidades consistem em um tipo de armazenamento com o qual o inconsciente lida, como no exemplo do pintor talentoso – que, numa rápida olhada, recolhe no seu pincel as cores que queria da palheta – e penso em Rembrant quando me utilizo dessa imagem, pois, retirando da palheta uma cor, esse memorável pintor possivelmente recolhe, com o consciente, fragmentos do inconsciente. Ou penso em Goya, que, com sentimentos fragmentados de inveja e ódio à realidade do seu tempo, busca em sua própria imaginação a imagem daquilo que necessitava expressar. Ou penso em Picasso, cuja visão humana delicada foi destilada de sua própria personalidade de artesão; ou penso igualmente em Vermeer, que produz imagens a partir da profunda percepção que tinha do interior das pessoas – e também de suas casas e de suas vidas – da região em que viveu.

Definições do que está ocorrendo em contraste com a incerteza

A linguagem, que é um dos temas abordados neste texto, pode gerar confusão, e precisamos dispor de um certo "senso de humor" para lidar com ela, como o título deste texto sugere. As dificuldades encontradas não são fáceis de esclarecer. Na realidade, não há vantagem em se alterarem as regras básicas do significado das palavras descrito nos dicionários. Porém, o problema da linguagem reside principalmente no seguinte: embora as palavras sejam utilizadas com aquele mesmo sentido definido pelos dicionários, seu emprego se vincula a uma liberdade de visão, como bem ilustra o atual significado conferido à palavra "infância", que quer dizer mais do que uma etapa do processo evolutivo. Uma palavra alternativa pode ser elaborada e aplicada a partir da visão da fragmentação, e o seu significado alcançar – ou incluir – o vértice psíquico. Contudo, o que subjaz a todas estas considerações é a fala, uma vez que ela e outros meios de comunicação, como as descrições e as definições, são inteiramente dependentes da visão de mundo e dos fatos emocionais inerentes à ela. E essa apreensão da linguagem, inclusive como fala, me faz questionar se não seria o hábito de pensar e de abstrair próprios da minha atividade psicanalítica que me levam a incluir no texto e na fala características da natureza fundamental dos problemas da vida e em que eles consistem.

Um aspecto particular para o qual chamo a atenção é o montante de *splitting* disponível que se torna necessário em determinados momentos; e uso o termo *splitting* no sentido que acabei de expor: ele, além de simplificar significados, se subordina às necessidades da ocasião em que emerge. Meu interesse principal é chamar atenção para a necessidade de o *splitting* ser considerado o escopo de qualquer espécie de atividade ou acontecimento na vida do homem, na medida em que ele ajuda a ampliar o espaço e a liberdade para a ação, já que é um fator de crescimento precoce ou tardio no desenvolvimento das crianças até a vida adulta.

Isaac Newton nasceu em 25 de dezembro de 1642. Era um bebê frágil, com poucas possibilidades de sobrevivência. Sua primeira infância foi uma escalada de mudanças e incertezas, pois seu pai faleceu 3 meses antes do seu nascimento. Sua mãe casou-se novamente e, daí em diante, sua infância foi fortemente transtornada. Como conseqüência, ele apresentou tendências psicóticas, tais como atitudes de fúria quando criticado e o sentimento de não estar sendo respeitado adequadamente em suas realizações. Embora tenha mais tarde continuado seus estudos em Cambridge, do meu ponto de vista no início de sua vida e de seus problemas psicóticos deve ter ocorrido, no íntimo de sua personalidade, um total *splitting* que suprimiu qualquer contato com sua vida interior. Suas realizações foram o resultado de um violento desejo de viver e isto se tornou a base sólida de sua incomum capacidade para estudar e estabelecer leis para os fenômenos da Natureza, especialmente os do firmamento. Em sua época, apesar dos altos e baixos característicos desse período de sua vida a que acabamos de nos referir, ele foi o mais ilustre cientista: o que foi possível em virtude de sua mente privilegiada, isto é, de sua aguda intuição e percepção do Universo, aliadas às suas próprias convicções.

A definição de alguma coisa, qualquer que seja por exemplo, é muitas vezes imediatamente seguida de uma mudança daquilo que não é definido como tal. E, justamente a respeito desse tema que acabo de abordar, mais que movimento e reflexão, obviamente se torna difícil aceitar a ratificação do vocabulário empregado, que potencialmente é tão vasto, sem que ele ofereça a nós uma certa contrapartida – ou seja, uma certa qualidade de mente, que é a liberdade de negá-lo. Para justificar essa possibilidade, penso em ampliar o escopo, sem deixar muito espaço para uma mera teorização. Um desses escopos diz respeito ao valor e à essência da vida. Cheguei às minhas conclusões sobre essa dimensão da existência humana principalmente por meio de observações factuais – acrescentando-se a elas um outro ponto de vista, que é aquele que encontrei na tragédia intitulada *Hamlet*, de autoria de Shakespeare, o poeta cuja genialidade precedeu à do físico Isaac Newton. No uso que ambos fizeram da linguagem, a característica principal é que algo nelas é inerente ao desconhecido humano – precisamente ao quando e aos recursos por meio dos quais a essência de cada vida é constituída. Cito abaixo alguns trechos dessa peça, precisamente a linha 73 da cena II do ato III:

"Dá-me esse homem
Que não se torna escravo da paixão
E eu o trarei no fundo do meu peito
No coração do próprio coração."

Há um conceito de *self* individual que mantemos. Poder-se-ia dizer que temos uma imagem em nossa mente, cosmeticamente estável, de quem somos, e ela é utilizada tanto na intimidade como publicamente. Quando ocorrem mudanças, elas não alteram nem desfazem aquilo que vivemos dentro de nós. No entanto, a percepção do mundo em que nós nos encontramos é correspondentemente alterada quando a acrescentamos à visão anterior que dele possuíamos. Desse fato talvez decorra o usual hábito de se antecipar o resultado daquilo que está para acontecer, embora, na maioria das vezes, quando o fato concluído aparece, verifica-se que tê-lo antecipado não provocou nenhuma mudança. Meu texto sobre imperfeição estimula a pensar como este aspecto da realidade humana reina preponderantemente e como continuadamente ele ocorre; achamos natural a realidade, tanto para os humanos como para os animais, e ela nos reassegura que suas leis naturais não têm mudado. Em todos os momentos somos acompanhados pela noção do espaço emocional. Podemos perceber que vivemos, em grande parte, dentro de nós mesmos, aconteça o que acontecer, e sobrevivemos apesar das dúvidas que geram ansiedade e de outros eventos vividos e testados por tentativas e erros.

Há exceções para tudo isto. Muitas pessoas exigem, por assim dizer, serem vistas ou tidas como exceções. A questão vem a ser: qual é o risco ou o que acontece em seguida ou o que poderia acontecer. Talvez a experiência dessa incerteza inspire a ingestão de "supostos remédios", pois, se não procedêssemos assim, poderíamos ficar cansados de sermos nós mesmos. Pessoalmente, sugiro um *insight* mais amplo e mais profundo, buscando conscientemente, através da experiência, tornar disponível parte maior do desconhecido em nós, revelado naquilo que ainda não ocorreu e que poderia ser rejeitado consciente ou inconscientemente. O fato é que tudo aquilo que é experienciado e vivido com convicção no presente, ao ser observado dentro de um ou dois séculos depois, terá mudado. E por que razão não deveria mudar? A ignorância mantém-se suprema e sustenta a visão de que, na verdade, agora realmente sabemos muito mais. Isso é uma qualidade do Play.

Menciono o equilíbrio entre aspectos do que chamamos realidade, embora os valores emocionais da humanidade continuem da mesma forma a surgir. O fim do século XX mostrará de forma clara, ao se fazer um sumário de tudo o que nele aconteceu, aquilo que se tornou digno de nota. Esta oportunidade ensejará que se pondere não somente sobre as duas grandes guerras, uma vez que outras, embora de menor porte, continuem ocorrendo. Torna-se possível não só a mim, mas também a outras pessoas amadurecidas, observar o entusiasmo com que se trata, por exemplo, do sucesso social do futebol, que nada mais é do que uma continuação do brincar da infância. Mas esta possibilidade desapareceria rapidamente na sombra, se surgisse a necessidade de se combater numa guerra. Em outras palavras: nós ignoramos de tal modo a realidade emocional que se torna até mesmo impossível confrontar o fato psíquico de que amor e ódio, diferentemente da ficção psíquica, são inseparáveis e que essas duas silenciosas forças emocionais e sua ação nunca cessam.

Na superfície das questões que dizem respeito ao ser humano, todo espectro do pensamento está mudando. O desconhecido é o que é essencial e, a despeito de sua aproximação ameaçadora e furtiva, ele precisa ser buscado entre os conflitos existentes. Pode a nossa linguagem lidar e ajustar-se a estes fatos calma e sinceramente? Caso contrário, talvez seja benéfico observar o que acontece.

Tudo o que qualquer ser humano confronta é o que, em termos conscientes, pode ser por ele definido. Há um inesperado obstáculo: a incerteza, que pode ocorrer, e sempre ocorre. Isso me parece fácil de dizer, mas não de aceitar. Assim novamente nos confrontamos, a cada vez, com o que está envolvido em cada decisão. Será perene e grande a dor da incerteza.

O ser humano desconhece a si mesmo

Dar continuidade à psicanálise de uma pessoa que é uma "representação ou uma memória" de alguém que ela nunca conheceu é uma ocorrência que, embora com um sentido mais profundo, faz lembrar a teoria da evolução da espécie humana formulada por Charles

Darwin. É tentador confrontar a conclusão a que Darwin chegou sobre a seleção natural com a afirmação acima que, embora não sendo poética, em certo sentido não está longe de sê-lo. É importante ter em conta que a realidade cotidiana entra em contato com as variadas emoções que a linguagem traz de volta de eras passadas e que essa realidade continua vivenciando *insights* de amor e de ódio e a produzir associações entre esses dois sentimentos. Esses contatos e vivências dão lugar e se transformam nas múltiplas nuances do movimento psíquico do fenômeno revelado, que, apesar de sua dimensão prática, permite que se reconheça o Play como um facilitador durante toda a vida. Não se pode perder de vista que o fator decisivo para o crescimento mental depende do homem; a mistura das emoções de rivalidade, por exemplo, na medida em que as torna intrapsiquicamente dominante, faz aparecer sentimentos, ansiedade e depressão, que manifestam os instintos de vida e de morte subjacentes à natureza de todos os seres humanos.

Os avanços psicanalíticos que aconteceram a partir das descobertas de Freud tiveram a virtude de ampliar o acesso à realidade psíquica da experiência humana. Por exemplo, eles permitiram que se evidenciasse que o homem é o fator decisivo para o crescimento do poderio atômico, porque, além de dependerem dele a descoberta e o desenvolvimento do conhecimento que consolida esse poderio, o fator vital para a utilização destrutiva dos seus artefatos adquire realidade quando o ódio solapa o amor e, desta forma, transtorna ambos.

Há um sem número de outros fatores do desconhecido que provocam surpresa quando afloram à mente, como, por exemplo, a presença do estado mental da criança na mente e na personalidade do adulto. Exemplifica essa possibilidade a coleção de aproximadamente sessenta auto-retratos que Rembrandt pintou em sua vida e que podem ser interpretados como indícios de sua paixão por si mesmo, ou da depressão que sentia – e essa presença da infância em sua obra deve ser levada em conta. Outro fator é a infindável variedade de estímulos para a maturidade que, consciente e inconscientemente, estão contidos na mente – podendo esses estímulos serem obstruídos por aspectos conhecidos, aquilo que faz parte dos acontecimentos da época, e pelas qualidades desconhecidas da nossa imaginação. Associa-se à expansão do significado dos sonhos realizada por Shakespeare em suas peças e ao profundo enriquecimento desses significados ensejado pelas descobertas de Freud a percepção da extensão dos aspectos característicos da mente. E é interessante observar o seguinte: se, por um lado, podemos chamar de acidente a descoberta da psicanálise e os próprios fatos da história, e se, por outro lado, nos movemos no contexto dessas idéias concebidas por Freud e por Shakespeare, somos propensos a aceitar igualmente como acidentes os acontecimentos que perfazem a existência dos homens propriamente dita e, até mesmo, aqueles que acontecem antes do seu nascimento. Igualmente o acidente de se aplicar a linguagem aos sonhos poderia multiplicar-se infinitamente, acompanhando a vida até a maturidade e o seu retrocesso gradual com a idade. E, embora este aspecto seja irrelevante para a vida diária, pode vir a ser útil e criador na medida em que é revelador, por si mesmo, daquilo que antes era concebido como o inesperado ou, mesmo, como o não-ocorrido. A análise profunda, ao desvendar a fragmentação mental, revelou indiretamente a mente infantil, fato que outrora não podia ter sido observado e, portanto, não ensejava qualquer reflexão.

O assunto vem sendo tratado ao longo da história, já na época de Sócrates, na Atenas no ano 470 a.C., pois o método que este filósofo procurava aplicar, revelando às pessoas o que estava em suas mentes sem que elas o soubessem, constituía naqueles anos algo muito especial. Infelizmente sua condenação levou-o irrevogavelmente a uma morte sem lamentos no ano 399 a.C, como de modo conciso e minucioso é descrito por Platão. Presumo que a máxima socrática do "conhece-te a ti mesmo" comprova ter ele intuído que a profundidade da mais primitiva infância era a fonte do crescimento mental subseqüente.

Considerando os fatores do Play, precisamos ser modestos nas opiniões que formamos sobre as personalidades, pois estas não se revelam até que "aconteçam" – além disso, é oportuno observar que os "caminhos conhecidos da vida" são construídos pelos hábitos que se acumulam em todas as personalidades. Eles se tornam tangíveis passo a passo com o crescimento e são, ora mais ora menos, facilmente apreendidos. E a confrontação dos hábitos com o senso comum ilustra um dado a mais do comportamento humano, que é o intangível. Evidenciar essa possibilidade naquilo que ocorre, ou no que está se passando, permitirá a alguém – a qualquer pessoa – identificar tanto o que deseja compartilhar consigo mesma como também os impulsos que podem levá-la a associar-se com outras pessoas. A escolha, ou decisão, certamente dependerá de seu interesse emocional e de seu refinamento social, e sua indecisão – sua hesitação diante das alternativas possíveis – resultará do fato de não ter clareza ainda sobre o que prefere; embora, inicialmente, possa fazer um movimento em direção ao que parece agradar ou ao que parece ser necessário nas circunstâncias que se apresentam.

Se considerarmos todas as alternativas disponíveis para se permanecer vivo, assim como para se satisfazer as necessidades básicas das realizações sexuais, verificaremos que essas considerações só são possíveis a determinados grupos sociais ou a pessoas especiais. É como se visualizássemos as ondas do oceano em contraste com a sua profundidade. Certas personalidades evoluem, até um certo ponto, com a experiência de toda uma vida e pouca dúvida possuem sobre a realidade implicada em suas decisões. Qualquer um pode confrontar-se com um sentimento ou um grau de rejeição ou de ódio a si mesmo, revelado por um desligamento de tudo – ainda que isso seja de todo impossível, a menos que a morte se apresente como a única alternativa –, permanecendo o indivíduo, desse modo, com tendências fixas ao longo de sua vida. Os conflitos envolvem dor, mas a dor sofrida pelo ser humano, como todos nós sempre soubemos, tem-se misturado e confundido com guerra, crime, insanidade etc. – fato este negado pela maioria.

À luz das descobertas psicanalíticas de Melanie Klein, sabemos que a posição esquizo-paranóide funciona numa seqüência que se alterna com a posição depressiva, e isso resulta da inevitabilidade, no homem, dos instintos ativos de vida e de morte, em todas as épocas de sua vida. Klein foi a primeira psicanalista que, reconhecendo ser a inveja um fator vital na existência do animal humano, introduziu a gratidão como compensação; na ênfase que confere a essa possibilidade, essa psicanalista valoriza esse fator constante na mente e na vida emocional. Ela também ampliou essa sua descoberta na análise que fez do romance de Julien H. Green intitulado *Si j'étais vous* – *Se eu fosse você* –, cuja leitura eu recomendo.

Observamos que o desconhecido, visualizado no capítulo precedente, começa a oferecer vestígios do que virá a ser conhecido. Um sentido prático do conhecido consiste em reconhecer a extensão da criatividade que emerge em indivíduos de grande valor para a cultura, para cuja ilustração escolhi o poeta Shakespeare, pois sua excepcional criatividade, que se revelou na qualidade emocional de seus escritos, o tornou um artista de vanguarda. Na época em que viveu constituía um costume apreciado, em certas partes do mundo, o anúncio feito por um arauto – um ancião da cidade respeitado pelo povo – do que estava acontecendo, pois se presumia que esse ancião reconhecia aquilo que efetivamente estava se passando. Infelizmente esse velho costume desapareceu e foi sucedido por um "Colosso" de maquinaria a que chamamos de imprensa, que se encarregou, por assim dizer, dos princípios da assim chamada vida mental e emocional das pessoas. O resultado é lamentável, em contraste com a humanidade, quando se conclui que algo é nada, ou vice-versa. Cito a seguir, com o intuito de ilustrar o que ora afirmo, uma passagem da obra de Shakespeare intitulada *Júlio César*, onde Cássio diz:

"Ele domina todo o estreito mundo
Como um Colosso; e nós, homens mesquinhos,
Sob suas imensas pernas vamos caminhando e espreitando
Para encontrarmos nossas covas desonrosas.
Os homens por vezes são senhores do seu destino:

A culpa, Brutus, não está nos astros
Mas em nós mesmos, de sermos submissos."[2]

Infelizmente, não creio que possamos comparar esses versos de Shakespeare com o nosso moderno Cesar, que é representado, nos dias de hoje, pela imprensa e por tudo o que nos faz ser "submissos". Consideremos como exemplo as distorções que surgem, quando um grupo de políticos aparece na televisão. O jornalismo tornando-se uma profissão estabelece-se como uma prática de natureza similar onde quer que ele se exerça, seja no Reino Unido, nos Estados Unidos ou em qualquer outra parte do mundo.

Não sou contrário à imprensa como uma instituição social humana, na medida em que me interesso diretamente por aquilo que é publicado. Entretanto faço algumas objeções – ofereço um certo mas –, isto é, possuo uma desconfiança bastante salutar a respeito do modo como é exercida. Há uma necessidade constante no âmago dos indivíduos de serem respeitados, em primeiro lugar, por eles mesmos, e, em segundo lugar, pelos outros, e essa necessidade pode ser intuída, sem palavras, ao modo de cada um, e é emocionalmente sentida como a segurança existente dentro de si mesmo. Assim o desconhecido se torna suportável e, na verdade, convida implicitamente para o aparecimento de uma nova descoberta. No meu ponto de vista, se os indivíduos confiarem em seus sonhos, isso os ajudará a recobrar o que temiam houvesse desaparecido para sempre, pois lhes possibilitará ter inesperadamente um "ensaio". Se os sonhos são, por um lado, uma realização mental de acontecimentos ou ansiedades da vida consciente, por outro lado não são reconhecidos, sob determinados aspectos, distintos do pensamento consciente cotidiano. É uma reminiscência da mente que pode ser reconhecida como um sonho da noite passada ou que talvez apareça nos sonhos da próxima noite para permitir que sua forma seja sentida emocionalmente como diferente de qualquer outra opinião.

2.   Julio Cesar
Ato I, Cena II, Linha 136

A vida de um outro ponto de vista

Uma importante característica que a obra de Shakespeare possui, e que chama a nossa atenção, é a ênfase que ela dá à essência da personalidade de seu autor, através de seus consistentes personagens. Este aspecto singular que Shakespeare conferiu à sua criação é o que a diferencia das obras de outros grandes autores. O reconhecimento dessa qualidade do trabalho de Shakespeare não implica que engrandeçamos sua vida, que concebamos a sua existência como a suprema expressão daqueles aspectos humanos que ele tanto valorizou em suas peças – em seus sonetos, em sua dramaturgia e em tudo o mais que ele escreveu. Entretanto, é indubitável que nelas há algo de sua personalidade, e isto as torna inconfundíveis. Eu mesmo verifiquei isso no *Hamlet*, cujo texto ainda está sendo estudado. Chamo atenção para o fato que, independentemente do que foi acrescentado ou alterado desde as representações de suas peças feitas a partir dos séculos XVI e XVII, é o próprio Shakespeare que nelas se dá a conhecer a si mesmo. Tenho a impressão de que esse grande autor da língua inglesa impregnou com a essência de sua personalidade aquilo que produziu, porque comprometeu inteiramente a sua vida na realização de sua obra. E pôde desse modo liberar o potencial humano de expressão verbal, que é o maior tesouro que o homem possui. Liberando essa capacidade, a essência daquilo que escreveu pode igualmente expressar-se em outros idiomas desde que a tradução apreenda o que de específico a língua inglesa possui. Creio que isso confirma o reconhecimento daquilo que, de dentro dele mesmo, corresponde à qualidade central do seu ser. A verdade que Shakespeare expõe em sua obra apóia-se em sua versatilidade, o que possibilita a qualquer pessoa reconhecer na realidade de seus personagens aspectos de sua própria individualidade. Existem numerosos exemplos disso: na dramaturgia, o Rei Lear – personagem que representa um homem inteiramente alquebrado pela velhice e pelos sofrimentos físicos e emocionais – e, nas peças históricas, Júlio César e Coriolano se apresentam como exemplos de igual densidade.

Se, na atualidade, a clarividência de Sigmund Freud e de outros estudiosos expôs, sem nenhuma ambigüidade e numa perspectiva até então inusitada, a essência do ser humano, Shakespeare em seu tempo, se utilizando da linguagem como um corpo capaz de suportar sua personalidade, revelou-se a si próprio e, assim, fez surgir no mundo ocidental um novo vértice de nossa cultura. Essa essência dos seres humanos que ele evidenciou ressoa como uma contrapartida fiel das esferas física e psíquica que existem em nós. Tais acontecimentos incluem o que chamo de visão da fragmentação, que elucida os valores psíquicos no homem e cujos fragmentos passam a ter espaço na linguagem da mente e do corpo.

Como outra ilustração, cito o matemático francês Jules Henri Poincaré, que, nascido em 1854, tinha uma saúde delicada. Ele foi uma criança doente, tendo recebido instrução especial de sua mãe, que era uma mulher muito dotada. A memória excepcionalmente retentiva desse matemático possibilitava-lhe mentalmente obter uma percepção visual de tudo o que ouvia, uma vez que não conseguia enxergar à distância. Uma iluminação súbita, que ocorria depois de um longo trabalho subconsciente, se constituía, para ele, num prelúdio para a criatividade matemática. Em 1906 Poincaré foi eleito membro da Academia Francesa, a mais alta honraria concedida a um escritor francês naquele tempo. Um de seus livros que eu recomendo por seu valor incomum é *Ciência e Método*. Ele confiava tenazmente em seu subconsciente – o correspondente à época do que atualmente chamamos de inconsciente, que, posteriormente e de forma ampla, foi elucidado por Freud como capaz de perceber aspectos emocionais de grande alcance para a vida criativa, às quais hoje damos o nome de realidade psíquica. A contribuição de Poincaré deu ênfase ao método científico e à sua escolha arbitrária de conceitos. E sua existência é um claro exemplo de que o modo como se lida com as deficiências, tais como ele as sofria, pode contribuir para a liberação das restrições por elas impostas e estimular a atividade psíquica na direção do desconhecido.

Improvisação

Parece causar surpresa qualquer fala que comece com o verbo "improvisar", pois ele remete a algo que ainda não está acontecendo. E o que pode ser este possível acontecer? É comum se fazer a seguinte observação: "se não pudermos fazer tal coisa deste modo, tentaremos fazê-lo de outro". E há uma maneira conhecida – uma verdadeira marca registrada – de se exprimir e se representar esse vir-a-ser, que é o drama, de que Shakespeare lançou mão e utilizou de modo a que exprimisse a densidade dos seus escritos. A importância da obra literária de Shakespeare se deve principalmente ao seu grande domínio no uso da improvisação. Mas hoje em dia não estamos satisfeitos – como provavelmente estiveram os contemporâneos de Shakespeare – com o uso da linguagem. É o que bem ilustra o sentido habitual conferido à palavra sexo, que deixou de expressar um simples fato da existência humana, pois a sexualidade é algo natural. Outro exemplo do uso inadequado da linguagem são os relatos sobre os planetas do Universo, que não conseguem diminuir nossa frustração, na medida em que nada informam sobre eles, limitando-se a confirmarem sua existência.

É oportuno fazermos um breve prelúdio a esse tópico falando também sobre a vida de William Blake, que nasceu em Londres em 1757 e cuja mente altamente criativa se revelou tanto através da excelência do seu dom poético, como na gravura, na pintura e no desenho. Estes seus talentos testemunham o poder de improvisação desse raro ser humano, cuja obra retratou o seu tempo. Naquilo que diz respeito ao Play, creio que este pequeno prelúdio lança considerável luz sobre o nosso tempo como uma continuação daquele em que William Blake viveu, dado que as diferenças entre ambos se limitam a aspectos superficiais.

Como questão de vida e morte, a linguagem transposta para a fala torna-se vital na nossa vida quotidiana. E essa importância deriva do senso de respeito pela realidade na qual se move a existência humana. Mas, se a considerarmos no contexto evolutivo dessa existência, a linguagem é simplesmente uma referência da história primitiva do Planeta. Levando em conta a totalidade dos recursos para a vida, dificilmente podemos imaginar, em qualquer etapa da história da existência humana, o que poderia ser realizado sem a linguagem. A vida, os recursos existentes, as próprias situações que tiveram lugar e as que ainda surgirão e até nós mesmos – tudo isto está contido na capacidade humana de se expressar por meio da linguagem.

Sobrevive ainda uma ausência de consideração pela mente humana, como também acontece com relação aos hábitos dos animais. Talvez a razão de tal negligência seja o medo da dor e as ansiedades a que dá lugar o desconhecimento de como lidar com aquilo que chamamos de Natureza. As pessoas têm sofrido muito com os eventos catastróficos, os chamados fenômenos naturais, embora sua contemplação e as decorrências que eles na maioria das vezes provocam não despertem sentimento de ódio. Por outro lado, os problemas que surgem entre as pessoas são frutos dos sentimentos de avidez e inveja e das conseqüências da interação desses dois fatores. Um conhecimento claro a esse respeito não se encontra presente na mente há incontáveis séculos, embora a cada dia seus efeitos se façam sentir de modo crescente. Talvez possamos agora conjecturar a respeito da improvisação que opera em tudo o que acontece com as populações do Planeta. A principal dificuldade é a confrontação com tudo o que é autoritário, aspecto este que deixei de lado no prefácio deste livro. A linguagem interpõe-se em todo assunto referente à civilização, embora nenhuma linguagem se realize satisfatoriamente – ou seja, dê conta de toda a existência – , além de os temas vitais, ao serem tratados, entrarem em conflito com as religiões. Há incontáveis possibilidades de evolução na vida da mente,

Play

quando consideramos as relações da psicanálise real com a percepção e a visão da fragmentação.

A fragmentação tem sido um fator que aparece em tudo que valorizamos e conhecemos desde sempre; porém raramente a mencionamos. Por que isto acontece? Penso que a necessidade de nos defendermos contra todo o tipo de predadores nos leva a tomar precauções; e, na mente, a percepção interna dos perigos nos leva a estabelecer como alternativa reasseguramentos que nos convençam ilusoriamente de que estamos protegidos contra todas as contingências que ameaçariam aquilo com que contamos para ter paz de espírito.

Quando me referi ao Play no começo deste trabalho, surgiram vários temas que precederam o da improvisação e que deveriam ser aprofundados. Entretanto todo pensamento e toda reflexão são improvisados, consciente ou inconscientemente, e, naturalmente, manifestam-se em nossos sonhos. Na linguagem, a existência do Play entre esses dois aspectos da mente humana proporciona constante vantagem no que diz respeito à ação. Pode-se observar o que é pessoal e distingui-lo simultaneamente do que é impessoal. Nas biografias, por exemplo, aparece como matéria estranha indesejável um emaranhado de informações que, efetivamente, não dizem respeito à pessoa em si, exceto na aparência. Nossa personalidade começa antes do nascimento, e é dependente das qualidades da vida pré-natal. O nascimento de cada bebê determina seu futuro pessoal. Levando-se em conta os bilhões de anos de evolução do Planeta e se tendo "senso de humor" em relação a esse processo, verifica-se que a pessoa que lida internamente consigo mesma pode proteger-se da vida exterior e, em seu cotidiano, ter respeito por aquilo que não faz parte dela.

Os hominídeos balbuciavam aquilo que levou eventualmente à fala, e nós temos conservado essa capacidade de improvisação que nos conduziu ao atual estágio de nos expressarmos através da linguagem, traduzindo essa capacidade em ação e palavras significativas, que outra coisa não são senão recursos que aperfeiçoamos para lidar com o desconhecido. Nas observações que teço sobre a fala e a linguagem, considero a criação de Shakespeare a fonte de improvisação da vida humana, na medida em que, implicitamente, fornece as origens das expressões graças às quais podemos ter acesso a todas as potencialidades mentais e emocionais da população do mundo inteiro.

A psicanálise foi improvisada por Freud no final do século XIX e início do século XX. E ela, sem dúvida, substituiu a improvisação das pessoas que, estando intensamente envolvidas com memória e desejo, ficaram impedidas de explorar a mente em seus vários aspectos e recursos. Todavia, o que se explicita com o passar dos anos é o pensamento de que a história se repete – o que traz alívio para o profundo desgosto ou tristeza acarretados por eventos de qualquer espécie, já que a reação aos acometimentos da Natureza é silenciosa. Talvez, depois de decorridos mais de 4 bilhões de anos desde que o nosso Planeta foi ejetado pelo Sol, as conseqüências interiores do viver tenham produzido o que nós chamamos de hábitos de comportamento. No Play da evolução da mente, as oscilações advindas dessas conseqüências interiores parecem abranger o que chamamos de perturbações mentais – e a sanidade consciente parece estar contida no processo da improvisação natural, que é imprescindível ao viver. A força psíquica necessária para tudo isto cria a vida. Esse tema pode ser considerado ao se refletir sobre as linguagens existentes em oposição ao que ainda é desconhecido. Com isto quero dizer que qualquer aspecto inteligível presente no crescimento das populações varia segundo as circunstâncias inerentes ao seu entorno. Mas, se os estudos universitários que atualmente são elaborados possuírem valor prático, eles deverão ser capazes de fornecer *insight* para uma linguagem confiável – ou seja, para uma linguagem capaz de respeitar os fatores possivelmente desconhecidos e de manter viva a maturidade.

Conjecturas breves e aleatórias sobre os fatores do Play

Conjecturar sobre hipóteses do que ainda é desconhecido em nossas mentes, o que se tornou possível graças à clara consciência de Sigmund Freud sobre nossa evolução mental, é muito estimulante para a nossa civilização. Enciclopédias modernas tecem conjecturas de todo o tipo sobre aspectos inerentes a essa questão, as quais podem ser úteis, pois vivemos em um mundo humano com evidências do processo de evolução em direção à vida.

Um aspecto de suma importância referente a esse assunto aparece mencionado em Aristóteles, segundo o qual Thales de Mileto, no século VI a.C., foi o primeiro a afirmar que a água era o elemento fundamental ou primordial do qual todas as outras coisas eram formas puramente transitórias. Ele buscou uma explicação para os fenômenos da Natureza, através da pesquisa de causas naturais, em lugar de explicações ao sabor dos caprichos de deuses mitológicos. Mais tarde se constatou que, no nosso Planeta, a proporção é de 71% de água para 29% de massa terrestre.

Não temos nenhum conhecimento da origem dos oceanos. A Terra foi ejetada pelo Sol e os geólogos calculam que isso se deu há 4,6 bilhões de anos."Admite-se que a hidrosfera inicial formou-se em resposta à condensação da primeira atmosfera. A proporção de certos elementos na Terra indica que o Planeta se formou pelo acúmulo de poeira cósmica e foi lentamente aquecido pela radioatividade e pela compressão. Acredita-se que a primeira atmosfera era altamente diluída e rica em gases, principalmente hidrogênio, incluindo vapor d'água. Pela fotodecomposição (separação devida à energia da luz) o vapor d'água separou-se em moléculas de hidrogênio (H2) e moléculas de oxigênio (O2) na atmosfera superior, permitindo ao hidrogênio escapar, conduzindo a um aumento progressivo da pressão parcial de oxigênio na superfície da Terra. A reação desse oxigênio com os materiais da superfície gradualmente fizeram com que a pressão do vapor d'água aumentasse a um tal nível, de forma que a água pôde se formar. Esta água na forma líquida acumulou-se em depressões isoladas na superfície da Terra dando origem à formação dos oceanos. A história química dos oceanos tem sido dividida em três estágios. O primeiro foi aquele em que a crosta da Terra estava se resfriando e reagindo com gases acidíferos, relativo ou altamente voláteis, transformando a Natureza para produzir os oceanos e uma massa inicial de rochas sedimentares. Esse estágio durou até cerca de 3,5 bilhões de anos atrás. O segundo estágio foi um período de transição das condições iniciais para as condições essencialmente modernas e estima-se que terminou de 2 a 1,5 bilhão de anos atrás aproximadamente. Desde então é provável que tenha havido muito pouca mudança na composição das águas marítimas. Cálculos de índices de adição de elementos ao sistema oceânico mostram que há pelo menos 100 milhões de anos o sistema oceânico tem-se se mantido invariável com taxas aproximadamente fixas de fluxo e escoamento dos principais elementos e, portanto, com uma composição química fixa."[3]

3. Encyclopaedia Britannica, vol. 25, 1992, pg. 136-142

Devido ao fato de a água ser uma substância com características únicas, nos tornamos subordinados à sua distribuição no Planeta e aos movimentos dos oceanos. Lembro ainda que nossas percepções, emoções e sentimentos são os principais agentes da apreensão de todas as substâncias da Terra, sejam elas sólidas, líqüidas ou gasosas. A salinidade do mar importa pouco, pois psiquicamente água sugere pureza. Crianças sentem um prazer físico e emocional ao brincar com água, que exerce sobre elas uma grande atração.

Podemos considerar que as conclusões de Darwin sobre a seleção natural indicam as transformações pelas quais passamos desde a nossa origem, pois os dinossauros já deviam dispor de todos os cinco sentidos. Acrescento a isso a descoberta do inconsciente por Freud, pois tanto a elucidação que realiza dos sonhos como sua percepção da bissexualidade e da potencialidade sexual humana permitiram-nos intuir os elementos que habitam nossas mentes e nossos corpos.

Se existem capacidades como o sonhar, num sentido mais amplo e não somente durante o sono, existe, portanto, uma provável base vital que alimenta todos os fenômenos psíquicos. Considerando a atual condição humana, podemos perceber a enorme mudança por que passou o conhecimento científico, principalmente sua especificidade que tem como objeto os aspectos e as ocorrências do nosso Planeta, particularmente no que diz respeito à influência da força de atração da Lua juntamente com a do Sol no fluxo e refluxo das marés, à violência dos terremotos e dos vulcões e à formação de grandes extensões de montanhas rochosas. Para complementar o conhecimento a respeito desses fenômenos, a geografia é fundamental. Penso também que a interdependência dos seres humanos e a consciência que temos da sua extensão são fatos básicos na perspectiva de nossa evolução. Há um toque de humor no fato de os holandeses terem pago aos indígenas que habitavam Manhattan o equivalente a um punhado de dólares pela posse desse território, antes que os ingleses lá chegassem.

É notável a história das mudanças que ocorreram nos muitos séculos de evolução dos hábitos humanos e de todo o tipo de acontecimentos emocional que são exclusividade dos homens sobre a Terra. Um exemplo dessa evolução ocorreu em 1642-1644, quando Blaise Pascal,[4] por meio de sua criatividade matemática, estabeleceu os fundamentos para o cálculo das probabilidades.

Algo que é muito estimulante no estágio atual da vida sobre a Terra, além do conhecimento do valor psíquico da evolução, é a necessidade de esse conhecimento ser utilizado conscientemente como um dado de realidade. Reconhecer o senso de realidade é particularmente importante porque nos permite escapar dos inúmeros rituais e utilizar a linguagem de modo a que alcance amplas conclusões de respeito e gratidão por outros indivíduos, fortalecendo-se, assim, a evolução da mente, ao invés de se contribuir para a confusão mental criada pelo desamparo diante da imensidão de tudo. Podemos lembrar-nos de que é impossível em todas as línguas falar com autoridade sobre tempo e espaço. Ou como escreveu Shakespeare: "somos feitos da mesma substância de que os sonhos são feitos e nossa pequena vida se encerra num sono".

Historicamente, temos conhecido grandes dores, sofrimentos e prazeres. As características da Natureza podem ser comparadas à crueldade humana que se manifestou nas guerras ocorridas no século XX, e foram responsáveis por aproximadamente 48 milhões de mortes. Utilizamo-nos das marés como relógios, e podemos reconhecer os elementos básicos da vida, assim como o fazem os peixes, pássaros, insetos. Os sonhos, conhecidos não só por Shakespeare mas também por Sigmund Freud, são notavelmente marcados pelas qualidades dos níveis mais profundos da nossa mente. Daí nossa gratidão a eles por termos sido de tal modo enriquecidos.

---

4.   Encyclopaedia Britannica, vol. 25, 1992 pg. 458: Pascal Blaise, – matemático, físico, filósofo religioso e mestre da escrita francesa, estabeleceu os fundamentos para a teoria moderna das probalidades. Formulou o que se tornou conhecido como a lei da pressão de Pascal e propagou uma doutrina religiosa que ensinava a experiência de Deus através do coração em vez de ser através da razão.

A enorme frustração resultante daquilo que foi vivido no século XX nos leva a perguntar: qual será nosso destino no século XXI? Ficamos perplexos diante dessa questão, em virtude dos problemas desse século, ou, como poderíamos dizer, do inconsciente, que é psicanaliticamente o cerne desse assunto de máxima importância. Tudo faz parecer que esses problemas constituíram um prelúdio para nós humanos, muito tempo depois dos infortunados dinossauros terem desaparecido em decorrência de um acidente ocorrido no Planeta. Portanto não adianta fazer grandes discursos sobre essas questões, porque isto conseqüentemente nos levaria a um estado de vida diferente e a questionamentos de toda sorte. Esse assunto dependerá, no futuro, de conjecturas que visem conciliar os fatos básicos a serem esclarecidos. Não se deve dizer nunca que algo é inevitável; isto somente manteria a frustração. Deverá ser um objeto para a nossa reflexão o "como", quando ela vier a ocorrer.

Minha atenção para tal postura tem origem na leitura dos escritos de George Eliot, pseudônimo adotado por uma escritora inglesa no século XIX, que parece ter sido dotada de um talento natural para os sentimentos humanos. Seus romances tornaram-se conhecidos e revelaram sua visão sobre a mentalidade e a insensatez daquele período da Inglaterra. Seus escritos envolviam a rotina e outros dados do dia a dia de uma comunidade rural genuína que vivia numa atmosfera de amor e ódio. Minha confiança nessa forma de observar a vida é tal que não necessita de pesquisas acuradas sobre os assuntos tratados, que lidam tão fundamentalmente quanto possível com aquilo que George Eliot concebeu como exemplo do que nos foi dado viver.

Isso que venho esboçando é naturalmente muito mais do que um sinal de emoção, e resulta da nossa ausência de conhecimento, que deve ser considerada em comparação com aquilo que se manifesta em todo ser humano individualmente. Em síntese, Shakespeare foi um homem que, a meu ver, conseguiu detalhar e explicar, na língua inglesa, aquilo que nos foi dado a todos como base para a fala, seja individualmente, seja em grupos, e ele conseguiu expandir o detalhamento desse substrato a partir de suas experiências no teatro de Londres, no período que se intercalou entre os reinados das duas Elizabeths – a II e a I. O resultado de tudo isso, que talvez eu não tenha sido capaz de suficientemente ressaltar, deve aplicar-se ao que ainda é desconhecido. Estou convencido de que a linguagem pode realmente ir muito mais longe no espírito de qualquer ser vivo, incluindo os surdos, os mudos e os chamados oradores talentosos. Ela começa antes do nascimento e penetra em todas as configurações iniciais e em tudo o que está por vir na vida, até o seu final, isto é, a morte.

Índice Remissivo

A
acidentes	33
adolescência	67
amor-próprio	62
amor e ódio	33
ansiedades	22, 37, 41, 52
associação de vida e morte	43
atômico	76
auto-ódio	62, 78

B
Bion	14, 15, 31, 64
bissexualidade	89

C
capacidade destrutiva atômica	66

civilização	16, 44, 52, 55, 59, 87
conjecturas	87, 91
consciência	69, 87, 89, 120
consciente	74, 77, 107
crescimento	40, 56, 72, 76, 78, 86
criança	15
criatividade	59, 79, 82, 90

D

Darwin	37, 38, 41, 43, 47, 48, 50, 76, 89
depressão	76
desconhecido	45, 52, 72, 73, 75, 79, 86, 87
desejo	72
deuses mitológicos	87
dilúvio	34
dinossauros	89, 91
dor	51, 55
drama	83

E

educação	57
elementos da não-linguagem	67
envelhecimento	58
espaço emocional	74
evolução	52, 53, 55, 76, 87, 89, 90

F

falsificação	45
fator	14

fêmea da aranha	54
fragmentação	22, 23, 37, 67, 72, 77, 85
fragmentos	54
Freud	34, 38, 69, 76, 77, 86, 87, 89, 90
frustração	66, 91

G

gratidão	79, 90
guerra	75, 78

H

hominídeos	19, 51, 64, 85

I

identificação projetiva	46, 52, 53
ignorância	74
imaculada	56, 72
imagens visuais	23
imortalidade	51, 56
imperfeição	54, 58, 74
improvisação	83, 84, 86
incerteza	71
inconsciente	51, 53, 77, 89, 91
infância	55, 65, 67, 72, 75
instinto	16
intangível	27, 53, 58, 78
intuição	16, 17, 50, 73
intransitivo	27

J
juventude   59

L
língua   56, 91
língua inglesa   91
linguagem   14, 15, 23, 35, 41, 71, 73, 75, 77, 83, 90, 92

M
maturidade   77, 86
Melanie Klein   28, 29, 52, 58, 79
memória   75
mente   34, 38, 40, 89
morte   76, 77, 78, 92
movimento   69, 73, 76, 78
movimentos migratórios   57
mudanças   55, 72, 74, 90, 92

N
natureza   56, 69, 72, 73, 76, 80, 88, 90
neo-impressionismo francês   58

O
oculto   45, 51, 52, 53, 55, 59, 63
ódio   76

P
planeta   41, 51, 72, 84, 86, 87, 89, 90, 91

Play	xi, 13, 14, 15, 16, 17, 21, 22, 23, 25, 28, 33, 35, 36, 39, 41, 43, 47, 51, 61, 66, 71, 74, 78, 84, 86
população	64
posição depressiva	79
posição esquizo-paranóide	79
prazer	55, 79
projeção	52, 66
psicanálise	22, 35, 53, 66, 77, 85, 86
psicanalítico	42
psíquica	49, 75, 89
psiquicamente verdadeiro	65

R

raça	39, 45, 52, 56, 66, 76
realidade	40, 55, 71, 74, 76, 90, 101, 121
realidade psíquica	13, 40, 65
receptáculo para o pensamento e a fala	66
religiões	14, 39, 53, 66, 67
rituais	54, 68, 73, 90
rivalidade	76
relevantes	29

S

seleção natural	24
senso comum	78
sentimentos	37, 40, 45, 50
ser e não ser	14
sessão	5, 70

sexualidade	55, 56, 72
Shakespeare	22, 24, 35, 41, 82, 86, 91
sonhos	17, 38, 41, 43, 70, 77, 80, 89, 90, 122
sono	54, 89, 90, 121
stuff	27

T

tangibilidade	27
tangíveis	78
tangível	27, 53, 68, 69, 74
teia	55, 69, 71
Terra	33, 41, 51, 64, 88, 89, 90, 102
Thales de Mileto	87
tolerância	59, 65
transitivo	27
turbulência emocional	61

V

vida	33, 34, 37, 46, 65, 69, 72, 76, 78, 79, 80, 85, 87, 90, 91, 92
vocabulário	73
vórtice	55, 68

Contents

PREFACE 101

THE GEOGRAPHY OF THE PLOT 109

ACCIDENTS 119

NEW TEXT 131
   Relieving pressure against the occult 134
   Language to ensue 137
   Imperfection 141
   The junction of conscious and unconsciousness 145
   Futher on 149
   Definitions of what is occurring as opposed to
      uncertainty 151
   Human beings´ unknownness of themselves 155
   Life from another viewpoint 160

Improvisation 161

RANDOM BRIEF CONJECTURES ON THE FACTORS OF
    PLAY 165

INDEX 171

Preface

As I was born at the beginning of the century and have devoted the better part of it to practising psychoanalysis, I recently decided to retire from this practice. Although faced with physical troubles that are common to a man of my age, my emotional life has not abated. A thorough professional training in the past has brought me an awareness of my erstwhile youth, and incited my interest in studying the realm of Play. This can be likened to music scores, in that it not only provides harmony and rhythm in a world of social turbulence, but at the same time there is a superficial change in the behavioural pattern of current civilization in Play. I shall expand on my proposition assuming that Play is a psychic reality which has been relatively ignored in its ubiquitous character.

I have allowed myself to be guided by my mind and emotional life on addressing the nature of Play. I assumed that its presence was implicit as a specific characteristic in the very early stages of human beings as it has been in my own self. However, the disposition of Play, in a psychic sense, evolves into unlimited varieties of expression, action and movement, embracing the whole of mankind. As a conjecture, I assumed that language developed from Play. I am also led to this same line of reasoning on witnessing, in the development of human beings, stages of sound and speech in babies and children, which continue to evolve as they grow. I considered, as a premise, that speech like thought, dreams, language and all else that goes through the mind, emerged over the uncountable ages of Earth, in which Play provided the borderline. Language, in a more sophisticated realization, continues to grow in the conscious awareness we have of it.

However, on focusing on the subject that has been the centre of my conjectures, there is an "x" factor for which there is, as yet, no means of classifying the evolution as such. I shall dwell on the matter in the manner I have begun, and intend to transmit the characteristics which have been implicit through time, since the greatest fear in Play has been death. The fact that this fear has been disguised to this date does not rule out a certain uneasiness that prevails in the public mind. Anxieties in the world arise from a gradually growing awareness of the truth of a certain factor, which, in a broad sense, is insoluble, and this poses a new element in our currently existing type of social well-being. However, it seems to be a necessary fact that one should never use the words "due to" something: they usually mean nothing. The primary emotional development stems from the "x" factor in human beings, and takes place in feelings of emotional pleasure and pain, which are separate and distinct feelings. Either one seems to be a mixed and shared feeling. I am not concerned with authoritative facts of topics such as law, government, religion, established theories, classical knowledge, or even of medicine, surgery and others in this category. I am considering Play as an accompaniment to all existence. It simultaneously builds life as something separable from "being and not being"; it is what one now calls civilization and its multitude of stages around the planet.

The subtleness of awareness resulted from Wilfred Bion´s psychoanalytical experience. He revealed the importance of this matter and often said that a person who is seen and heard in psychoanalysis, is not a person who can be easily known, but rather one who is a representation, or a memory, of someone he or she never knew.

Play

There is no doubt that "language"–obviously only sounds at first–has existed for millions of years, but in reality nobody can say exactly how it came about. We confront it without thinking that it could well be represented as a metaphor in the myth of the Babel Tower and its collapsing. Historically we have remained totally ignorant of the mental procedure I will now describe. Every single day of our lives when we wake up from sleep, Play is present. It is a subtle word that denotes cunning, secretiveness, penetration, everything. Therefore, the words of Bion quoted above apply to our whole existence, since psychoanalysis can reveal a phenomenon hitherto unknown and unmentioned.

Consequently, Play has prevailed for many years and, life being what it is, nobody can foresee its end. The end of Play will destroy life, as it does in war periods. I refer to another statement made by Bion in his book called Cogitations, which also reveals Play in a clear manner. In this statement he defined magic as a resort to control the physical environment and reserved ritual to define the aspect of magic which is concerned with controlling the spiritual world. I will return to the essence of the matter by designating Play in the inner world as the workings of the human mind, the elements of which could be observed in psychoanalysis and are apparently subject to fragmentation so that the continuity of Play could be ensured. But regardless of its factors, Play will continue to gratify and desecrate without, however, disrespecting the existing powers, including the so-called occult. To enable me to visualize the enormous variety of Play elements I chose the term "fragmentation" as that which best fits the description I have formed of it when practicing psychoanalysis. This enabled me to "see" the child contained in the adult personality and, likewise, to "see" the adult process within the context of the child's mind. In other words, to "see" the two versions in "bits". Thus, the term "fragmentation" has enabled me to witness Play as an integrating element of life itself. For example, not only are women involved in conception, but men are also involved, as is all that which surrounds them. We can also see the unpredictability of Play in nature, in Earth's activities and in the forces of the universe, expressed in whatever language we have available to us. One of the consequences of our being free from this kind of authority is that we are little impressed with what we are told, although we Play with this fact in our minds. Try as we may, it would be impossible to dislodge Play in the presence of language. If it is in our minds, the fact that we do not know how and when it started prompts us to ask ourselves how Play upholds and transforms, from our viewpoint, the objectives and qualities of the different civilizations. At this point, I could say that when human life and feelings came into being, it was a question like "what can we do?" that incited Play.

Among the qualities of Play, I want to stress the sly manner in which greed and envy impulses operate to determine a given result in people's aims or needs. All this happens in the mind and, although not verbalized, begins during childhood. As growth progresses, it takes on other forms of physical strength, although most of the movements that are present, for example in dreams, are not easily seen or perceived except under psychoanalysis. I will expand on the effects of dreams later, but, for the time being, the most important outcome of the Play of these forces is what we call intuition. This capacity resembles what we call instincts in any animal species. I believe that there is an ongoing connection between animal instincts and human instincts, because physically, we are very much like them. Intuition began right from the early stages of human life and in the Play of features, a major factor was set free – creativity – which became available in what we call civilization.

It was for these reasons that greater attention started to be given to the unknown. This can be followed up on through patient psychoanalysis work to enable any person to experience and arrive towards his or her own self, a fact that hitherto he or she could not have known. It is only in this way that this individuality can become known. An example of this results from that which Freud presented to the world in his early study of dreams. They are fragments of the unknown, when they can be illuminated by vision and intuition. My term "fragmentation" describes this process, but it is still unknown, and in my opinion, will never be known as anything related to the cleavage of the unknown. To recognize the unknown is helpful in dealing with life such as it is, since it provides a well-balanced vision, which is more useful than being disappointed or frustrated by external events occurring on the planet. There is an additional advantage in the vision through dreams; they rest by day and in unexpected moments are brought back to mind. They can produce reflection and a vague capacity for wondering what is going on in oneself and, thus, give us the possibility of retrieving something that would not be otherwise possible. In 1911, and again in 1915, Freud had an intuition that gave him a similar vision, an intuition on the principles of mental functioning, the principles of pleasure and of reality. In my opinion, what he did view was the interPlay between two principles that, in the mind, supply intuition and other features that can be traced in the unconscious aspects of the mind. It is in this area that psychoanalysis can, to a certain extent, enlighten observation, and in this process be made aware of something called "Play". It is interesting to observe Play in what is called sexuality. By nature, this is not intended for public disPlay, but seems to be prevailed upon for commercial purposes. This is one of the problems of the emotional poverty of our times, but realistically it portrays nothing of animal truth, which is nothing more than good sense. The awareness Shakespeare had of emotional pain, conflicts and of the sense of reality in the human world, is particularly well expressed in his use of the English language. I believe that anyone who reads Caroline Spurgeon´s book "Shakespeare's imagery and what it tells us" (Cambridge University Press) will have to acknowledge the wealth of its contents.

Although we have no idea of what has happened on Earth since it was ejected from the Sun, this fact alone has not prevented us from confronting how life began. The painful and poor treatment of Honduras following recent storms in that area, which had not occurred since the 18th century, was a reminder of the kind of events and hazards that do occur every so often on our planet. To make a brief, albeit incomplete, summary of these, there are earthquakes, volcanoes, the shifting of complete parts of the planet over millions of years, and even the formation of oceans and mountains, such as the great Atlas Mountains in Morocco and the Rocky Mountains in the North America, which extend right down to the southernmost tip of South America. All this reminds us of what the planet has become at this point in time. But there is no hint of what is to come. There could be volcanic eruptions in the Pacific Ocean, especially around New Zealand, or Japan, and in other regions. At this time, I would like to bring up the subject of global warming, and, of course, to remind us of the climate changes taking place over the ages in the North and South Poles. The planet we inhabit seems to be unique, that is, there seems to be no signs of any real life on any other planet.

My point in making these comments is not so much to stress the facts of the disturbances on the planet, which occur because of its very nature, but to make it very clear in this work how little has been explained to school children on the fact that we are alone. I do not believe that this fact has been made public in a way that deals with the reality of our existence. What I do want to point out and will expound on in greater length later is that despite all that happens to and affects human beings, causing them pain and suffering, this has never prompted any hatred in human beings for the nature of these events. This fact of life has been overlooked in our education and the price to pay for this neglect is very high in human values. I will now build a wide as possible imaginary scene of what I am trying to portray, so that you can place this on a large stage: use your eyes and ears and other parts of your mind to draw a picture of the life of the hominids, and try to become one of them. We can ponder on how they became aware of the many sounds, of the ocean, of the winds, of upheavals, and of a lot more – of a future that would never be known to them.

Well, we do know how in a crude sort of way and, certainly, a lot of presumed knowledge has evolved from observations, but always based on current events and not those happening at the time. We are immediately reminded of Charles Darwin and his very important explorations, as well as his own reflections on and awareness of his theories, which, to a large extent, ran counter to mainstream views. The then authorities on the matter held that his findings revealed nothing of the actual evolution of human beings.

Fortunately for Darwin himself and, to a certain extent, for us also, there has been a general consensus that all that seemed scandalous at the time does not continue to be so nowadays. There is evidence all over the world that a large majority of people are not keen on becoming aware of these facts, that is if they have become aware of them in some small measure. I, myself, was informed by New Zealand authorities that some three or four thousand years ago there was a huge volcanic eruption which was felt and its effects spoken of as far as China and Japan, because of the amount of pumice and ash deposited in the ocean around New Zealand. There is a large lake in the North Island of New Zealand that has a lakeside city called Taupo, where warm water bubbles up through the sand beneath the lake. This buttresses my comment above about how the population tend to have no hatred for any events caused by the world's elements. On the contrary, the people are very trusting and enjoy life on this planet, provided the words of language and feeling permit them to feel life, even though they are aware that possible hazards could happen in their small country again. This means that reality with pleasure as opposed to reality with hatred brings about a combination of factors with very strong emotional value. In a full sense, this has led, through the years, to the presence in ourselves of what we call the mind. Therefore, the split or cleavage of these emotional facts provides the basis of what we can see and use of the present or of actions we take in our own lives.

In these comments, there is an aspect in relation to ignorance I would like to dwell on, as one has no particular use for ignorance if it does not combine with something about which we are supposed to be knowledgeable. This would create a kind of paradox. Therefore, it makes more sense to take this fact into account to give us the broadest possible outlook: we are alone in this universe, which itself is unknowable, as is everything about it, but, at the same time, we frequently have access to information on purported facts outside the planet. However, this is the only place for us to be in so that ignorance might well be substituted by the unknown of everything. Here, again, I am handicapped, as are all, for lack of a sufficiently wealthy language to illustrate what I have just been writing about.

The Geography of the Plot

By plot I refer to the fact that Shakespeare always made a clear statement of the first act and the first scene in his Plays, with names of the actors and characters they would be Playing, as well as of other broad references such as the roles Played by other persons, apparitions and, sometimes, even the unfolding of the action that would be seen and heard on stage. An example of this is King Richard III´s famous opening speech: "Now is the winter of our discontent...". Thus Shakespeare literally relied on all Plays to survive both as an actor and a Playwright. When the Play ended, it never did so abruptly without some expression of gratitude to the audience for their presence in the theatre. This social grace was an innate trait in Shakespeare's personality.

In my plot, in much the same way as Shakespeare, I am proposing to make people aware of how much more is involved in their own life experience, and thus increase respect for the subject, Play, and the chances of its being recognized by all those who can grasp the truth of it. The balance resulting from being mentally alive and not like some tightrope walker in an exhibitionist circus, who is programmed for this act, is a factor for deep reflection, which could include an attempt to increase one's perception of what projects are better suited to reality. For example, an 18th century French scientist, J.B.L. Foucault, named a highly elaborate device designed to maintain the stability of apparatuses, which still used today to adjust the balance in ships and airplanes and in other situations where it is required, the gyroscope. In a similar sense, psychoanalysis has added considerable psychic value to all that is mental. My own introduction of the fragmentation concept, should reality be recognised through it, will in the same way illuminate the emotional balance. The word "endogenous" from the Greek *endo*, meaning "from within", will highlight how a given Play becomes verbally scintillating.

In the same way that Shakespeare introduced the Play "King Richard III", today we can follow up, in Play, the presentation of current "dramas" or the question "what-you-will", as they emerge in thought and speech. Among the many examples, I want to highlight the following: celestial waning – as one refers to the moon's cycle prior to a new waxing. The subduing of liveliness that has been occurring for some time now in different parts of the planet, which have suffered change due to the advent of computers, fax machines and new types of communication media, and to all that which is connected to mechanical objects, brings with it a certain boredom in outlook, as well as anxieties, in a world of uncertainties, with respect to new shifts of change. These aspects, which are beyond our comprehension, are related to our surviving the use of nuclear energy– if we think back on the bombing of Hiroshima and Nagasaki many years ago–and currently underline something of the consequent fragility that is floating in our minds. This is another factor for those who can "sense this" to consider seriously.

Freud's discovery in "Interpretation of Dreams" posed a major breakthrough at the end of the 19th century. Dreams take over during our sleep; they are comprised of visual fragments that do or do not come together in conscious emotion or visions, but they can do so in forms that are revealed in deep psychoanalysis. They can suddenly vanish, never to return, or even unexpectedly somehow become interrelated. In the first pages of my preface I mentioned various items related to dreams as they exist. The fact that they do exist means more than simply something that is or begins, because we can never know how anything began. Therefore, it is rather senseless to postulate any substitute to deal with the emptiness we face in trying to materialize what could not be thought or said. The sooner this aspect of Play is understood, the more valuable, in my opinion, will what I am writing about become. In everyday life we are faced with an attempt by language to purportedly express what is happening, and these expressions are not applicable to what is actually happening internally in mental life. This suggests that we perform and recount rituals instead of dealing with psychic facts and realities. Psychoanalysis should not be confused with rituals, cures or so-called improvements, since contrary to these, it is bound exclusively to the unknown in every session. My concept of fragmentation is that which comprises the mind of an infant from the beginning of its life, whether pre-natal or post-natal. An aggregate of such "fragments" happens invisibly and unconsciously. The infant's pain and pleasure and its urge for life, quite distinct from these same emotions in its mother, will thus be expressed in speech and language.

The pattern of fragmentation continues and expands within the space that contains it. This becomes a definition for growth. The vitality of this process will depend on discussions that inevitably promote frustration; this confrontation with frustration will be persistent. In terms of human evolution, Darwin described the conclusions to what he called "natural selection" in the doctrine of specie. In other words, for our current purposes, language becomes a source of mental strength, real or otherwise. Psychoanalytic work may go on from the unknown in the experience of the psychoanalyst himself, and will enable him or her to discuss all that comes up in the sessions with the analysand. I am outlining what becomes increasingly more available from then on, resorting to the formlessness or fragmentation of what we could also call "emotional birth", which repeats, in its essence, all that has accrued since childhood.

Years of practising psychoanalysis have completely convinced me that the mind owes the brain nothing, since the presence of dreams dreamt leaves their presence present: the mere effort of putting this into words is a task for analysis. Our best hope is that the personality will remain as permanent as fingerprints. I believe that my concept of the fragmentation function stems from dreams, since in one instant they are there, only to be gone in the next. I think that a source of this in small children could well result from their observing how different people come into their daily lives without ever questioning this fact; but the effects may well develop later in their dreams. A possible trace of all this is the excessive interference of the institutions, as though they were from a higher instance. However, as I mentioned in the preface, I shall not concern myself with this aspect in this work. It was on thinking over the apparently anxious habits of modern age that brought weight to my mind, the weight which bars access to conscience of all that is subordinate to daily life in such a way that it has deprived fundamental issues of alternatives (although I am not convinced that this is true for everyone). An example of this is how open I am about my age and about the fact that I could not have committed what I have just said to paper had I not lived long enough to do so.

To further clarify the fragmentation concept–lest it has still not been made fully clear–imagine that this is something seen through a kind of haze, perhaps a glimpse of something Play-less and, therefore, formless. This makes it possible for whatever was seen, heard or perceived to perhaps emerge from the unknown.

I have often come to the conclusion that it would be appropriate to call growth that which "comes together" in the child's mind and makes the child "become itself". But we can also conclude that the Play of these factors provided coherence and forms for life. A common example of this is the situation in which children of two or three

Play

years upwards tell their mothers, or fathers, what they are going to Play with the children next door. The parents, usually the mothers, will then say "Yes, that's alright, but you must promise to behave and not make too much noise." Usually, when this happens, the children will very likely agree, but silently and to some extent unbeknownst to themselves, go off and do exactly what they were not supposed to do led, in general, by a child who is the leader of the pack.

This fact depends on individual differences that occur during development. The same happens with adults, because what I am speaking of here is their inner individual space. It is in this "space" that the mental fragments "come together". It then becomes a space to be renewed later in order to protect what the early breast situation or other later growth stages have built up. This space is a reserve to which the "breast" or other so-called favourable reactions have contributed right from the start. In other words, it is like a <u>nutshell</u> in psychic Play, which from then on easily shifts to physical or to mental Play, or whenever it is needed for growth. Space – as time – is a growth factor. There is, furthermore, the social aspect of this issue, which can be considered a constant natural fact that, in all, will pervade life. This shows how human traits (that which is visible, like-able, say-able and others I have not included) will continue in forms and in products throughout the eras, independently of how mothers and the billions of individuals on our planet survive.

The point of what I am saying is the underlying fact that, although one can speak of single factors, no factor has been left tangibly singular – everything is biased. This is one way of witnessing the human world. Psychoanalysis has shown me an alternative that seems less overburdened with words, even though this reverse language has been a resentful result of Play and revealed that hatred and love are inseparable emotions. The shades of meaning have remained much the same in form and value. This paragraph, however, addresses the issue on whether children are "single" persons or "group" persons. Any group with more than two persons becomes an infinitive version which one can observe. The waxing and waning of the moon I referred to above, and all they portend, are still subject to what time and tide represent – the inevitable, for there is an old English proverb that says, "Time and tide wait for no man". So reality is, despite all, what Play can put up with in the circumstances.

I have attempted to use approximation to explain the Play of children, as well as that of their parents. At this point we are, or should be, again continuing with dreams–everyone's dreams–from the surface right down to the slightest fragments, to the parent's coupling. The only institution I or anyone can know of is life itself. On reaching maturity, I believe no one could want anything else; hence the painful frustration of having to adjust to futilities that become the subject of everyday life. When Shakespeare said, "we are such stuff as dreams are made on", he was in close contact with his personality and his experiences, as is evidenced in one way or another throughout his writings. I believe it was a very good observation, with no nonsense. However, more importantly now is to know what is this "stuff"? Then again, why know the unknown beforehand, or how? This underscores Bion's last line in the preface, and the answer is <u>adequate psychoanalysis</u>.

However, I believe there is one question that merits consideration: can there be a boundary between the tangible and the intangible in the human mind? Or as in a Play on stage, can we escape from language? I cannot promise to answer this question, but I can certainly try. We are all aware of the importance of matters that are transitive (tangible) because we feel them to be so. The less free is the intransitive (intangible) the more we are frustrated, since both alternatives must be considered together as making up a whole. It seems to me that it would be logical, in the circumstances, to interpret the transitive as being extensions that are recognisable, and the intransitive as more of a mystery that has been hidden away from us since time took over man's mental world. What has hidden it so completely? I stated in the preface that the main fear of all Play is death. This is tangible and, since this is true, I do not think we can permit ourselves to shelve the intangible as though it were of less value.

I now propose to present a possibility that can hardly be denied in the realities of all known institutions, so that I can enhance the human values of Play. Most certainly no couple that wants to have a baby has any need for the word sexual to do so. In relevant moments of life, when there is a genuine respect for nature, people have not the slightest need for any rules other having grown and acquired the feeling of being free to rely on themselves. I am returning to this subject in order to stress the physical awareness a child has of its own parent's realizations, so as to follow suit. Children of any age want to know more of their own accord and, therefore, are always on the lookout for anything that will help them feel more confident. Ideally, there should be no reason for parents, or anyone else for that matter, to see a problem in this. This would be a very corrupt form of Play that would prevent the child from bringing the intangible back into a respectable atmosphere. To trust psychoanalysis, as I have done for so long in my life, I would like to call attention to the influence exerted in this field by a well known psychoanalyst of this century, Melanie Klein (1882-1960), whom I, like Wilfred Bion, had the privilege of working with in the course of my own training. It was my close awareness of Klein's psychoanalysis work with children and adults that led me to adopt the concept of fragmentation, as well as many others, all buttressed on her vision of and steadfast allegiance to the bases of psychoanalysis discovered by Freud. I refer to this now because it is material to what I call intangible in that intangible was something that evolved in the mind of Melanie Klein, the first person to shed some light on the matter.

Melanie Klein's analyses of children brought a surprising revelation into the whole concept of children's Play of things, which had never been theretofore acknowledged: features such as aggression, sexual feelings, as well as the possibility of helping to diminish anxieties, depression and in understanding other psychic configurations. She did this directly resorting to interpretation and, as a result, transformed all that was previously unknown in mental life, causing a transitive state of mind to emerge from the intangible. This essentially was what was so astonishing about Melanie Klein. Her writings are well known and can be consulted by reader of this text who wishes to delve further into the matter.

Notwithstanding, all these aspects of Melanie Klein's discoveries are still beyond the grasp of entire populations in the world even today. This grasp, which has isolated the intangible, in my opinion, calls for far more opening and thought than has been available to us to date, and will likely take a long time to be achieved. At least for the time being, it is a painful matter to recognise in any way other than this – to write about it and approach the issue from other angles. This is why I would like to contribute some of my own perceptions, although they are so unimportant in the face of the enormous problem of current enlightenment. The word reminds me of the Age of Enlightenment, which thrived in some parts of the world in the 18th century.

There can be little doubt that in the earliest periods of this planet, the existence of our forbears resembled that which we have today. The very structure of human beings was in some way much the same as it is today. The fact that we can only imagine what their confrontation with reality was – but it had to exist – means that the quality of the transitive also existed. Therefore, the fears for life and the anxieties involved were for the creatures existing then the same as those we feel today. The fact that they were unable to assuage their anxieties using their senses only resulted in the same as we have today: the need for some security and shelter in life and for children who are being born. Thus, they also had to deal with some kind of awareness of what I am calling intangible in much the same way as it continued to be dealt with through the countless ages to these days. In my viewpoint, this awareness was emotionally dependent on resources of a kind we could term mental, with perhaps the sense of feeling. Because human beings have been unable encompass the meaning of that which our view of the world's reality provides – including seeing stars million light-years away – they have been led to create the religions we see burgeoning all around us. Nothing else could have produced them.

Besides, our yesteryear counterparts could likewise be hallucinated, frightened by dreams, and, thus, have the same sort of survival needs that still exist today. The links I am referring to remain, but conditions in the past centuries were way different from those available today in terms of resources, knowledge of climatic issues and changes, travelling and communication media, and so forth. Whatever was incorporated in this respect has been outstanding and, as a result, our vocabulary has not only changed but has expanded considerably. There was no Melanie Klein in the past, whose work, as described here with some intuition, improved the concept of transitivity and completely outdated enlightenment trends and thoughts of the 18th century. Generally speaking, we can view the so-called religions as figments of hallucination or wild imagination. But this view can also become outdated. I realise that we are far from attaining this, but nonetheless there is no doubt that there will be "powers that be" in the near future to uphold that nothing I have written in the foregoing paragraphs will be changed. However, there are some signs indicating that the wars between the religions will subside and may, perhaps, cease altogether.

This brings me to the current emotional situation of young men and women who are interested in what I have written. Could they acknowledge the present and arrive close to a conclusion that is more up-to-date with reality in the sense that I employ the word? It may well be. Our forefathers, and even our grandparents, would have been outraged if presented with the idea that religion is only fiction when compared to a life, presumably without it. Wilfred Bion, in the 60s, made it clear that he, like any other psychoanalyst, would be unable to practice psychoanalysis if he failed in training himself to eliminate as much as possible all memory, desire and understanding. What I failed to include above was that the factor "religion" is pegged to memory and desire, and makes it impossible for any proper psychoanalytical work to be performed.

The fragmentation into bits of centuries of events that are now celebrated with ardour and grateful acknowledgements were fully welcomed by the psychoanalytic observation of the splitting of fragments into further fragments, all of which started at some time and in some way on Earth. I am resorting to the literal aspect of this matter and to the psychic function of dreams. When Henry VIII was born, he was possibly held by his mother, as she soothed him as baby by softly swaying her body and moving around the room until he fell asleep and dreamt. This could happen in the same way today; we can draw an identical image in our minds of all human babies. Thus, these topical features of current elements of modern-day life show that civilization continues with similar phenomena, and, thus, what I am writing here permeates all human events. This country is in spirit still what it was when Henry VIII was king, an island.

Accidents

I believe that "accidents" is the appropriate term to use in this part of my work, to further spin out Play, which has been my theme from the beginning. The Play of life's events, and whatever other considerations we have of it, are logically pervaded by human characteristics such as greed and envy, love and hatred, and the constant cruelty human beings inflict on each other, such as those we have witnessed in the many different parts of the world. These are, unfortunately, accidents of fate. The last century's world wars, disastrous for Germany and for other countries as well, must now be accepted as accidents, as must the consequent changes in every thing and every place. There is not much sense in making moral judgments at this point for, even as I write, Russian and other peoples on Earth are facing internal conflicts, and Europe is striving to restructure itself to adjust to modern conditions. How long will such modern conditions last? That which is long-lasting is transformed into something else, by others or from within, as in the case of families, groups, and religions where disturbing forces still prevail. "Upcoming events cast their shadows before them". The repetition of emotional events or accidents has continued – greed and envy – and unspoken awareness is also persistent in the face of the physical changes entire regions of the planet are undergoing through eons of time and matter.

Human beings who have weathered hurricanes and storms experience unparalleled loss and despair. These kinds of accidents awaken in us a compassion for and desire to help survivors as best we can, but–and this I particularly wish to draw your attention to–no feeling of hatred for Nature as it evolves. The story of the Noachian deluge seems to have been transformed into a miraculous tale owing to emotional necessity, differently from what happened in the case of other similar great floods in the area between the Tigris and Euphrates Rivers. This merely illustrates that which is not consistent with true reality. But the story of Noah's Ark and all that was "known" in the Tigris-Euphrates area was not dealt with in a similar way emotionally; it is seen as a miracle and never actually existed. Hence, disregard for the truth results in cruelty- a price exacted by religion.

We could say Shakespeare's life was a fortunate accident of fate, as we know it. Another accident of similar importance was the existence of Freud and his talent for capturing things deeply embedded in other people's minds. In contrast to these two events in our not-so-long history, we can, of course, theoretically name a dozens of others who are worthy of our admiration, from past significant periods in human history. I also believe that it was a vital and fortuitous accident my having mentioned in the preface that Play's greatest fear is death. It has the quality of compiling all references I made to the fate of mankind, based on my observations, and of making these references more evident and useful for the future of us all. All these topics were addressed in some way, and described in different forms by different people. As these ideas evolved, I could say that this particular theme poses some headway in our recognizing the vastness of a cover-up of the greatest significance.

It would have been of great value had I had the awareness I now have of whom I am earlier. But I had no such awareness until it gradually dawned on me through psychoanalysis, just as there has been a heightening of this awareness as I write. The habits we all have are individually constant factors and can be seen as the same for everyone, but they are not identical. It is much the same as the universality of fingerprints. Facts such as these are reliable. The same goes for nature and the geological phenomena on our planet: the only difference is the quality stuff that lasts–if I may borrow one of Shakespeare's terms. In this modern age, we are in the habit–which could albeit be transitory–of counting wealth as a measure of satisfaction. It is a habit that is gradually wearing thin and will likely phase out without explanations, as do all nature's trends independently of how they come about, and as Play, which I consider a fact in itself. If people who like to talk about how much or how little money they own can speak in language that is consistent with the facts in their own lives, other matters accompanying or illustrating these issues may quietly help them keep sane. If they prefer to apply gas-masks to avoid the dangers of fabrication or senselessness, they can try. But, right now, all over the world, the Play factor can make no other promise but that this is as good as it gets.

The Play of events can be observed in the universe of every individual, but is rarely considered important by them since Play is dependent on the unknown of each individual. I have chosen Henry VIII (1491-1547) as an example. Nobody could have anticipated the political accident that turned the events of his existence into history. There are well known accounts of the problem caused by his marriages, further aggravated by conflicts with Roman law and the ensuing crisis in the religious establishment in England itself. The power Henry VIII held was supreme. His personal vanity and sense of omnipotence were predominant and marking traits in his character, but more importantly he dealt with matters in a way that would never be tolerated today. The main reason for my mentioning this king is that it was during his reign that the English Church broke away from Rome, and this is a factor that to date has not been sufficiently evaluated. The split between the English and Roman Churches produced a wave of uncertainties that swept across the world, through the British Empire, in a way never seen before or since in the world. The United States has since become the most receptive part of the world for the English language. The enormous expansion of the power of the United States has assured the English language and the United Kingdom a place of distinction. The direction of all this growth could never have been anticipated. We all can see and realize that the dissemination of the English language across the world continues, because of its convenience as a language.

The skillful control (if you can actually call this control) of Play is really beneficial, when talented individuals employ nature's elements. But the improper use of Play, as happened with the atomic power, ushered in a fear of future events simply because the event has been Played out and cannot be obliterated. The world changed dramatically after the first nuclear bombs were dropped, causing a clear repercussion in Play. This casts some dark clouds on my ideas, which I will not try to illustrate using common sense. This is why I have called this part of the text "Accidents". There is another grim fact and that is that fragmentation of vision (awareness) is not the only factor to consider. To place the world's theater on stage, I refer to the consequences of the Chernobyl accident, which happened not far from Kiev in the Ukraine. This event, which took place in April 1986, stimulated an international outcry over the perils of radioactive emissions. Many tons of this material leaked into the atmosphere and precipitation of rain caused the event to be felt as far as Scandinavia, France, Italy, and the North of Scotland. Neither those living in the vicinity of the plant nor those located several miles away felt any harmful bodily effects at the time, but it has proved a harbinger of death throughout their lives. The poisonous precipitation in the area around Chernobyl covered thousands of people who were fated to suffer from cancer and other serious diseases for an unforeseeable length of time, and also penetrated the entrails of the Earth. My intention is not to overPlay the anxieties and stress caused by disasters, but to remind us that the feelings drifting in the atmosphere of our civilization will help us withstand the anxiety of a heightening awareness of our own health. To know this helps clarify, to a certain extent, feelings of distress and depression people may have even though they lead normal lives. It constitutes a sort of slow dulling which, fortunately for the sake of sanity, can turn into awareness.

To go back to a constructive viewpoint, Charles Darwin's achievements in the 19th century shows how he outgrew his own Victorian environment. This development was of great value, since it enabled him to enhance his awareness of the world's physical existence to the point of revolutionizing matters related to facts of life in a way that still today encounters great resistance. Not seldom, other individuals living after the Darwin era have managed to make discoveries that break through prejudices of large populations. But, with regard to the mind, Shakespeare (16th – 17th Century) devoted his time to the pursuit of another view of the world. In his writings, he consolidated the distinction between individual privacy and public awareness. He achieved this in everyday life, in comedies featuring Falstaff and his companions, in serious dramas, in historical Plays, and also in his romantic comedies. To this list I might also add his sonnets, which are charged with deep feelings. The Play, Richard II, was an artistic success of the drift along the line of events which I have already mentioned about Henry VIII. It endowed the English language with rich poetry and prose that have remained intact to this day.

In our time Freud took up the same facts and findings in his approach to the mind. From there, he went on to establish psychoanalysis. In my opinion, Freud again, between the late 19th century and early 20th Century, startled the entire world and not only those who studied the mind. Dreams, the unconscious, and many other things aroused passions that have persisted in various forms. Although not new to us, we are still not completely convinced of this fact in our daily lives because we are seen as a population and not as individual persons in this mass of human beings. There is increasingly clearer evidence that there are politicians whose behavior is extremely upsetting. Emotional conflict is permanent and is part of our being aware of the Play of everything. The fact that last century's terrible wars are not being waged does not mean there are none. There are a great many wars happening in different forms, and one might even say in forms which are also beneficial to life and which not only cause destruction and intolerable pain.

So, where do we find ourselves now in the human world? I believe I chose to talk about Play because it allows for some freedom when compared to other matters that confuse our perception of life itself. In my case, it has been a partial solution in my quest for mental soundness. There is no doubt that the world has become confused, but its fragility results from all kinds of changes in the manner we face hypocrisy, lies, and, then, even bigger lies. My perception is obscured and benumbed in relation to the mentality of several religions. The difficulty in being able to realize the consequences rests on the fact that the entire fabric of the theme "religion" has to be subjected to time when it comes to deciding issues of the human race. In this respect, the human race has been a passive victim of itself. What we can avail ourselves of today to use as 'tools' in our lives greatly surpasses the capacity our forefathers had to build tools for their own lives. As all change is enormous and continues to be constantly perfected, Play, in my opinion will win the day. The outcome can be clearly perceived, although people will encounter the same basic facts during life. As a psychoanalyst, I believe that everything psychoanalytical practice offers is sound, but its importance depends on how it is realized by the few who have access to this resource, since the great majority of the world's population does not.

The recent growing awareness of the fallacy of history does seem to be helping people accept different languages, different schools of thought and life developments. Therefore, my lack of words to express my thoughts at some point during this work may seem old-fashioned. This is inevitable, but will prove useful to evidence its reliability. The question of the evolution of a human personality can be made far more interesting than ever by the power to see psychic reality, which depends on people's ability to realize they exist, despite depression and a myriad mental phenomena that make the workings of the mind so similar to that of the digestive system.

I think that what we experience during the course of our lives is more important than learning, from the viewpoint of education or formal schooling. Schooling has been established as being necessary, but in a fuller sense there are more important matters, which include Play as a form of choice and movement, as well as all sorts of emotional contact undergoing constant transformation in the face of new events. These matters show life in progression and at various ages, beginning from childhood. This can be accompanied by feelings of all kinds, since feelings promote emotional values as well, despite the events that reveal them. The mass of value judgments we must face is far better than the social adjustment systems that are already known and permanently applicable. All that I refer to in this context will come up in dreams in a very profound and intimate way for those who perceive them, in contraposition to the powers that continue to eliminate vision–due to the alternating split–when stimulated by life and thoughts of death.

One can loosely consider, as a sort of model, that Shakespeare in a period predating Darwin's, captured a whole lot of human realities, as well as many theretofore unknown expressions, which we can digest as a whole, and that every person, with their personality, may recognize this when contemplating their dreams and daydreams. We are grateful for social values, and also for private values we prize. In this fast-changing world, privacy and the welter of public demonstrations are in themselves useful in creating a more flexible sense of well-being. In my opinion, to make public that which is private would be depressing and disturbing, for they are separate instances in us. Our misfortune, in the action of Play, is to have been under the spell of gross language and speech distortions, and not to have developed immunity to manipulations designed to conceal the fact of death so as to avoid presumable pain and disillusionment with the fact that we are human beings. I refer to the help people can find in themselves when their thoughts and images are related to events in life–and it does not matter which events–which are free of such distortions. The realization of emotions and ideas as a result of this can be profoundly useful.

In present-day times, the planet Earth has been viewed and photographed from space in several most interesting ways. These photographs are amazing, regardless of what they intend to convey. As regards our thoughts on this matter, I believe that this will depend on the "degree" of comprehension we have as individuals to undertake such judgment. I base my belief on the fact that outside and beyond Earth, to the extent we can recognise an established notion of that which emerges as realisation, this is a point worthy of note, but what I do not know, nor can I imagine, is how this can be put into language. Perhaps the visual stimulus can be imagined, although in view of a complete absence of language from our side of the firmament, so to speak, I sense only permanent frustration. However, there is one possible exception to what I have just written and this is that it could be attributable to the popular falling back on religions and the elements that make them up, but this is insufficiently vague to calm anxieties since even the language used to question the issue depends entirely on this planet's languages. We can also rely on astronomy and select visions of stars on their courses, which for centuries guided navigation both by sea and air. All of the projects designed to place people in outer space exact far more than we are able to conceive. The importance of not being, or wanting to be an authority is, in my own opinion, vital. Play is focused on of life, and these are worthy of lasting respect.

If we pay close attention, we gauge what is constantly occurring to us on Earth in terms of feeling, emotion and even of evolution. My psychoanalytic awareness encourages me to draw a mental picture of the many areas of our planet, of the different climates and even of the many cultures of its various human races. On expanding this matter, as I have been able to do thus far, I would not want to overlook the significance of dreams, that is, the product of dreams in conditioning psychic realities and an infinite variety of meanings to our custom of being aware of ourselves and not only unconscious, covering our minds with other contents. My theme would hopefully allow for a vision of the power of Play on waves of migration, to proceed with a theme that has been of primary interest for innumerable ages.

It is very important to distinguish dreams recalled after we wake up and those emerging in a psychoanalytic session, where it is possible to reveal how and why the phenomenon occurred without our ever having actually known it or its cause. The association between life and death in both our conscious and unconscious thinking is a vital clue to the matter, but love and hatred are likewise highly significant in their sense and action and in how we deal with their consequences in waking life. But when is it that "being awake" happens when we literally ask about "being awake"? It is not easy to have a clear-cut notion on this matter or to say more about it since we are temporary visitors, since birth, to the burden of our daily routine. We can mentally grasp this from the beginning, when during infancy it is all contained in the tiniest of fragments, which then come together to make up what we call personalities. The most convenient state of mind for psychoanalysts is for them to have had a good night's sleep so that they can deliberately allow themselves not to be asleep during the sessions but rather to be in a state of mind that enables them to intuit the unknown of the patient's statements or the general atmosphere of the session without needing to "understand them". In a strict sense, the psychoanalyst's procedure depends, as I have mentioned before, on his or her capacity to abstain, as much as possible, from memory and desire. This is an exercise the psychoanalyst should maintain all the time given that, furthermore, it will permit him or her to see the same person as a different person in each session.

When I mentioned Darwin some pages back, I was also turning my mind to an aspect common to all human beings. I refer to a tendency they have to observe each other with a universal sense of interest that results in a conclusion of an infinity of ideas, concepts, likes and dislikes. One valuable factor in my experience with Melanie Klein was a discovery of hers in this same psychic sense, which she then formulated as a principle of human behaviour. She called it Projective Identification. This involves one person seeing himself or herself in another, or in other persons of any human group. The mental quality of projection, or the reverse of it in a negative sense, is made up of something in people that works like a kind of connection of similarities to themselves. It reminds me of a similar procedure, in the field of entomology, followed by a certain type of female spider. The female spider spins her web after mating with the male of her choice and immediately after devouring him. This enables her to start spinning the very fine and elastic threads of her web, which then serve as traps for her food, and then she continues to spin. This small example in Nature depicts what happens with human beings in their intrapsychic lives, and in this sense in dreams as well as in daydreams. Like the thread, the projection I mentioned is hardly visible, but when it becomes enmeshed like the web, it can become vulnerable to human feelings of all kinds: of love and hatred. Fusions are then established and functions are altered. In my own experience of life, this has contributed enormously towards establishing the humanising customs such as we know them. The consolidation of these factors causes the countries around the world to develop their own specific characteristics, religions, etc. This is to illustrate what I said above about the projective identification of one person, or of millions of persons in a given context, who can behave as though they were part of a civilisation, or on the contrary, not part of any.

It was my theme, Play, and my concept of fragmentation with which I began my writings–which has been relatively free from all the authorised topics I mentioned in the preface–that allows me to express this enormous condition of the human race, creatures that can be called an agglutination of humanity, whether or not regarded as such. The attention I gave, as a psychoanalyst, to these few factors related to Charles Darwin, thrust me towards a far broader psychic vision than I had anticipated. Unfortunately, in the stage the planet currently finds itself, the anticipations seem to have brought with them a volatile aspect expressed in the form of uprisings and social disturbances involving a huge number of persons. I have spoken of those who have apparently lost control over their identities and, to some extent, struggle without any evidence of what they are fighting for or what these struggles are all about and if they are happening elsewhere. This includes what is also called protests for and against law and order, and they come in the form of intense rivalries, emotionally aggravated by envy, greed and all else that can stem from two deadly rivals in the human mind.

The meaning of occult is clearly defined in the dictionary, it is the "non-sphere" of anything that exists. However, in her discoveries of the human mind, Melanie Klein found an interesting and unknown trait related to sociability or hostility in the mental function of human beings. Every human being spins his or her own web, which I suggest means the essence of his or her personality. The spider and her web bring to mind another fundamental aspect: the unfortunate fate of our language, which is used to falsify much of ourselves without our recognising that we are doing this. In relation to reality, from birth we are all subject to the same monotony of, after saying, thinking, and planning anything, being unable to stop and weigh the consequences and immediately face the future with the question "What's next? Space and time can be, and are, partly faked in our lives, like clocks that stop, and in this way confirm the aspects of life and death features of all mental life on the planet. In short, if there is often a fundamental fact of anything, I believe that that is the unknown, which when known, will be itself. The spider will continue to spin her webs to prevent the total destruction of everything.

Thus, the characteristic of projective or introjective identification has introduced in psychology an aspect that burdens the human population with concern on the so-called "black holes", inasmuch as accounts or events occur in much the same way as certain hypotheses in cosmology. To explain this better, the simple picture of the spider spinning her web can serve as a model of Play for every human being, since his or her personality is derived from his or her own "web". It has been "spun" during the prenatal and postnatal stages of life. The events resulting from growth thereafter will bring frustration and expressions in all kinds of forms. Anxieties will be constant and no lesser than those we referred to by analogy as the "black holes".

New Text

As a Topic and Example from the preceding paragraph I wish to accentuate the Play within the life of Charles Darwin as a specific feature of his growth in the space of his latent personality. He had apparently been extremely secluded in his outlook as a youth in his evolution with any confident view of his inner emotional life in Victorian evangelical England. He lived in his youth in a comfortable setting of the Darwin and Wedgwood clans within which he had been somewhat deprived of inspiration. He enjoyed hunting, shooting and riding. His father who was a prominent physician of medicine sent him when he was sixteen to study medicine in Edinburgh; where he spent only two years because he did not accept the practice of surgery being performed without anaesthetics. His father was disappointed and suggested instead that he study Divinity at Cambridge – there he came to be closely interested with Henslow, a cleric-botanist, who cooperated with him in his eagerness and liking for nature and who came to consider him as his most outstanding of all his young students to whom be taught botany. He also came to know T H Huxley, a biologist and Hooker, a botanist, who also became his friends and at that point they were aware of his temperament and feelings. This fact resulted in the Admiralty introducing him to captain FitzRoy on the H M S Beagle, a 10-ton brig refitted on a three-masted bark to survey and establish a chain of chronometric stations around the east and west coasts of South America and the outlying islands including the Galapagos.

He was then twenty-three and wrote a note to FitzRoy thanking him for accepting him as a non-paid naturalist for the voyage, and that he looked forward to a "rebirth of himself". He took some of his own books for study adding them to the Beagle's library. They set sail in 1831 for two years but the entire voyage lasted until 1836. Through that five year period Darwin was grateful for the beauty of being lanced into open geography and space activities that were to be a unique area for his unusual ability as a collector, observer of rare talent, and a profound theorist. Favoured by access to the significance of all he saw and was emotionally stimulated he recorded meticulously in his notebooks and gathered a quantity of objects and specimens. His references to his family and some of the acquisitions to bring back to England; especially the letters to scientific friends soon brought an enthusiasm and a certain fame. His vision resulted from perception of the tangible so much that subsequently the intangible also rendered value to the recipients upon his return. He wrote some books on South American geology; but in all other writings as well he sought out universal laws and besides, of course, the transmutation of species. He also wrote the "Expression of the Emotions in Man and Animals" and "On the Origin of Species by Means of Natural Selection".

In January 1839 he married his first cousin Emma Wedgwood, whose fortune, devotion and housewifery skills enabled him to work and to have peace for the coming forty years, although his health declined rather gradually after 1838 this was a sequel to the voyage itself, when he was frequently sea-sick and with persistent digestive troubles. Although remarkably agile at times he was not what one would call robust. They had ten children; three of them died too soon.

In 1842 they moved from their home from Gower Street in London to Down House at the village of Downe in Kent. He was devoted to his wife and daughters but treated them as children. My impression is that they were a happy family within the village. Emma remained a person of the church all her life whereas Darwin had become a confirmed agnostic, but he accompanied the children's lives in the village and went to the church events in a natural social way. He always had a fear of hurting Emma with his own agnostic views as likewise with Henslow who was also of the church. My impression of him was that he became a natural scientist in all matters of life independently of such evolutionary facts such as his theory of Natural Selection. In June 1860 the British Association for the Advancement of Science, T H Huxley, a biologist, when he was asked by the bishop of Oxford, Wilberforce, at the scandalous debate meeting asking him about his origin as an ape, offering him and Hooker the occasion for annihilating Wilberforce's position in the presence of a large public and for continuing a gospel of evolution.

One factor in Darwin's inner home life which interested me in particular was his obliging Emma to ask him for the main key for the household so that she could deal with the other keys of cupboards etc. I noticed this as being a psychic symptom of himself signifying a strong demand in his intimate self. A culmination of events leading up to and including the great adventure of "rebirth" on the Beagle's entire trip had brought forth a blossoming over and above his childhood and adolescence of a sort of indifference. At his birth in 1809 there had been a certain ineffectual reaction by his mother; she died when he was eight. It seemed too that his father, the important doctor, had no recognition of this of his other sons, as lacking stimuli. The "rebirth" of Charles Darwin was psychically intensely a reality, otherwise, why rebirth? and then hence the "origin" of the specie as a realisation in fact. There was action in it; I noticed an aspect of Darwin's intuition reflected in a reference in the Encyclopaedia Britannica (1992) on Child Psychology wherein he was the first person to be named of that profession. This had resulted from him having taken down relevant data in 1840 of the personality of one of his children, "much as if he were studying in some strange sphere the specie". A delicate sense of humour led him to write that the female is coy; she is less eager than the male when she takes part in choosing a mate; she chooses not the male which is most attractive to her, but the one that is least distasteful.

I consider that Darwin lived through his time of a profound self-analysis. Perhaps a reminder of Bion's reference in psychoanalysis to a "representation, or memory of someone he had never known". Upon his death at Down House on April 19th 1882 within hours the news reached London and a Parliamentary petition won him burial in Westminster.

Relieving pressure against the occult
(By the senses)

The importance of this title is somewhat misleading since the psychoanalytical vision has proven to be of use in explaining facts of evolutional history of the human mind. However, considering evolution as a whole, a fact – the tragic duplicity of Play – affects psychic health on Earth. Based on historical facts, we see that the occult was firmly used by a minority group of persons, who have heralded it from the time human beings first inhabited this planet, with a view to compelling people to believe in their immortality. The very basis of mental corruption was established between the hominid era and the appearance of the first human beings. As a result of the changes in outlook in the 17th, 18th centuries, a new movement was started known as the Enlightenment, but it is only now, in the 20th century, that release from the occult was made possible due to Freud's revelation of the unconscious. This was, by no means, a small accomplishment given that it ushered in a degree of psychic awareness that has awoken a great deal of what would otherwise have remained in darkness. In fact, history gives us some idea of the horror and suffering that has been instigated by ideas of immortality, although there are signs of this currently abating.

I believe that when we centre our thoughts on the so-called occult of Charles Darwin's personality (as a young boy and then as a man whose capacity of perception made him famous), it shows us what I, today, would describe as an in-depth realisation of his own misfortunes, factors related to the theory of evolution that have been brought to light. Freud's findings at the end of the 19th and early 20th prompted a wave of relief, as the mind became better known. These discoveries could well serve the evolution of humanities in a manner similar to that served by Darwin's awareness, as summarised in the preceding paragraphs. Freud gave us an understanding of the mind on shedding some light on one aspect of the occult, the unknown. Since then, the essence of psychoanalysis rests on psychoanalysts' ability to, when performing their job, release the occult.

After Sigmund Freud, it was Melanie Klein (1882-1961) who, on practising psychoanalysis, revealed the function of projective identification as being distinct from its clinical use. She postulated the consequences of establishing a worldwide scan of religions, sects and other types of beliefs. When I refer to the clarification of the projection of all aspects of the feelings and hopes of human beings on the occult, I may not be the first person to underline what the human race will contemplate and probably act upon. This may become a vital factor in civilisation itself and, gradually, perhaps one of the most relevant. The link between the human mind, psychoanalysis and its potential use may well become indelible.

The essence of the fact is that, whether consciously and unconsciously, all persons have to come face to face with the occult in themselves when prompted by emotional frustration, or disturbed by envy; they then project or "place" something of themselves in others, or contrariwise, feel they are the target of this projection. It is a little difficult not to refer to these as mental human habits, or a basic fact of emotional behaviour itself. It can be carried out under the impetus of hatred or love, and of fears suggesting pain or sense of emotional poverty. As a form of behaviour, irrespective of the form, it can excite valuable or invaluable emotions with respect to a civilised social way of doing things. A simple example of identification is that of an adolescent-boy or girl-who, based on a sense of complete admiration, wants to be exactly like a famous tennis Player, or somebody wonderfully important. Famous young people face problems because adolescents want to imitate them. I wish to emphasize the constant nature of what is happening among people all around the world, consciously and unconsciously, to invade and foster the popularity of religions worldwide.

At the current stage of the evolution of the humanities, we perceive a disruption of the occult. What Freud achieved in the "Interpretation of Dreams" at the end of the 19th century led him to discover the unconscious, and his decision to institute psychoanalysis in the early 20th century fostered a perception of the human mind that had formerly been a feature of the occult. I wonder if the term "occult" will no longer be used by human beings some day, by this I mean the entire population on Earth. In our own culture I have found that Darwin and, above all, Shakespeare, bequeathed to us in many of his well-outlined characters elements that enable us to grasp what the occult consists of. If I am ever able to explain the phenomenon of the awareness of reality, smuggled in with it will be that of civilization itself. This may help transform what is possible of the occult into something tangible. One of the obvious problems of culture, and of many other things in the world, has been the sacrificed momentum of a certain state by the intangible of the occult, in a modern sense. Changes in outlook, in general, have not been accompanied by changes in language, which are necessary to increase the scope of speech. I shall try to convey this to psychoanalysis practice themes.

In other words, I am suggesting that the action of projective identification has been accepted by the whole world without the leaders involved being aware of it. These persons were converted into leaders with the passage of time, and became involved in the establishment of governments and other traditions in a way in which, in my viewpoint, has never been placed in discussion to date. This causes considerable distress, as it does in politics.

To briefly outline the issue from another angle, the myriad rituals performed around the world have been maintained. In other words, offshoots of these practices have burgeoned among the masses and, perhaps, even re-editions of other practices have emerged in our present-day experience.

The female of a house spider spins her elastic web after mating and promptly devours the male. This gives her and future spiders the source to continue their work. This little sketch shows an aspect of Nature, which is perpetually repeated in human and other animal life. Confined as we may be, as humans, we include the intra-psychic in ourselves, in dreams and daydreams: we are not spiders.

Language to ensue

Over time, language from the 17th, 18th, 19th centuries and that of the 20th century even more, has been used differently due to a need to keep pace with the progress of customs. Modern daily life has stood to benefit from the comforts afforded today by equipment designed for all kinds of uses, increased health care, communications, financial issues, transportation, air travel, food and water. I believe that although these are the conditions prevailing all around the world today, they were never as far-reaching in past history.

Dostoyevsky's book, "Crime and Punishment", may serve as an example, since in it we will find a factor that is constant in the world of human existence. Events suffer alteration in appearances and undergo factors that at times do and, at others, do not maintain their monotonous continuity. But we shall ignore matters relating to monotony in this paper. This is my starting point, for otherwise we would be addressing the alive-dead feature. Something may always be happening, but cannot easily go unobserved. Awareness of the reality of the human world is disturbing even though the different views available have not been brought to the limelight. Supposing that we scan the daily news on some reported outrageous crime and punishment – it will continue to be an issue to be taken seriously. But not at the time Dostoyevsky wrote about it, based on reports given by those who knew the story. We now have the advantage of having a fragmented vision of all kinds of facts that occur constantly. Well, what I suggest may be worthy of attention, besides Darwin's mental discipline, is to observe–which led to Darwin's simple and recent conclusions–natural selection and its invaluable use, that is to extend it to beyond the origin of the species and stress its usefulness in observing this type of changing "hall of mirrors" to see what is going on in the human mental and emotional manner of being, which includes especially love and hatred, a field of emotional turbulence.

Since Darwin, it has been made clearly evident that conscious need becomes a growing necessity to bring our existing languages up to date, namely, to have languages available to use in relation to the novelty of the unknown. In step with Darwin's statement, the predominant feature of his discoveries was evolution, but his discoveries have overstepped the limits of linguistic habits, which are in keeping with the language forms now in fashion. It was because Darwin was an agnostic and, thus, above making very grave errors of judgment that the observation of phenomena evolved at a faster pace.

What I have just written could be tantamount to a sudden jolt, a kind of surprise, but there would inevitably be some reluctance to accept this affirmation until the truth of the facts involved eventually sinks in. An example of a jolt – such as Play – in the sense I have just mentioned, was the previously unknown possibility of speeding up all means of communications in the last century. This is comparable with the innovation of Blaise Pascal and his invention of what today has become the computer. Computers have transformed the entire communications system in the last century to an extent that typifies human evolutionary capacity in a mechanical sense. This, in itself, is a symptom of evolution in the sense Darwin gave it, but one that is not yet in keeping with our regular languages, for these languages will have to change in the new available space and develop rapidly.

I think the disciplined capacity to consider whatever comes to mind will allow what is taking place to be perceived at least on two levels: as the result of direct attention or of a possible dream-like awareness that conduces to effortless wandering; all this including that which can possibly announce what is happening, and despite this being like some kind of fantasy that still has no language of its own, it is. Then sleep with dreams roaming a space without language will thoroughly correspond to the elicitation of the word evolution, even though the word may not entirely suffice these days. Put into action, it illustrates something of the web of the prevailing death and life instincts even if not put into words. It can take form in the present itself, beyond it, and even way beyond it. Nature does not provoke jolts, nor does death. Earth and the way it revolves, both of which are beyond our conscious awareness, come together in space.

Awareness of what I am talking about may come if we discipline ourselves to eliminate memory and desire, and any need of understanding what space may contain. Of course, it goes without saying that nothing of what I have written belittles the value of the language to which we have access. Language emerges and is established with some event and not prior to it. Therefore, it is like a factor for maturity. I believe this is a useful reflection at this point, so that we can centre our attention on the childhood of the human race and not only on a particular childhood. The sense it has been given by humans through their evolution is due more to experiences and will help us realise what is currently happening in the mental area and emotional context of childhood. In other words, right from when humans first came into being, the use of language to deal with reality is an assumption and can be based on what psychoanalysis can reveal through an individual person. I base this affirmation on the fact that we can be conscious of the effects of life and death, as well as self-love and self-hatred, as combined features right from the start and on the gradual development of speech and other capacities of the mind, provided we know and recognise them as the fruit of evolution. This calls for an extremely great effort of the conscious, so that, in a simple statement, we can say what could never have been anticipated at any time earlier. Thus, we must assume that the new events came together, over time, to the present.

Another discovery of great impact in the late 19th century, with repercussions extending into the 20th century, needs to be taken into account as regards language, having given cause to many new events. I refer to the clinical findings of Sigmund Freud. They consist of his in-depth study and practice of the interpretation of dreams and, later, of the unconscious, and the profound knowledge of the human mind these fostered. He named his life's work psychoanalysis, and this is what I have tried to convey in these writings. This powerful innovation has been evidenced in many ways, including in the succession of controversies that emerged in many human circumstances, although rarely with respect to the essence of the mind. Rather than focus on this specific feature, I have preferred to attribute to it the language necessary to meet new needs as they arise. Another reason why psychoanalysis could be termed modern Enlightenment, or the unknown, from this angle, is that Freud's work rendered clarity to that which in human-related issues we must bring to the forefront – the occult – for the psychoanalyst to enhance. It is possibly this feature – the occult – that has caused most turbulence since Freud revealed his findings, findings that are now well grounded. But there is still a long way to go as regards what is still unknown.

Imperfection

The facts suggested by this title can be taken into account if values in human life were recognised in the sense of human evolution. Based on this, it may well be worth conjecturing further, although definitions are necessary to avoid confusion of thought and ideas derived from uncertainties related to human creativity. Thus, any definition of imperfection will depend on the purpose we are aiming at. My decision to place Play as a tangible factor alongside intangible factors has heightened the perception of the nature of human existence from its very beginning. Prior to this, it is important to consider the pre-natal and post-natal origins of personalities. This is so because, from a psychoanalytic viewpoint, human beings have to deal with pain and pleasure right from birth, and how intensely or weakly they seek satisfaction requires daily care and attention from when they are very young. There is an ongoing relationship between the probabilities resulting from desire and expectations, and what is happening at a given point in time in the outside world. This is really quite simple, and can be anticipated immediately after the events are created or materialize. As we do not know what will happen next, we realise that the occult repeats itself, and we perceive that we are unable to avoid the fact or feeling of imperfection. In psychoanalysis, for example, the session with a psychoanalyst provides an emotional situation that affords, as in early infancy, a shelter for anxiety or loss. So why should we consider the word "imperfection" at all? The answer is that were there no imperfection, there would be no desire or purpose in continuing to seek for something more. Mona Lisa, the famous artwork of Leonardo, currently exhibited at the Louvre Museum in Paris, has caused, with her enigmatic smile, a great many to question what the real significance of that smile was. But only Leonardo da Vinci would have the answer to that.

A small spider that spins her web has to be agile to remedy the result caused by a strong gust of wind in breaking her thread. It is the same during the life of all animals, be they humans or other species: the alternatives of fate between destruction or construction of something arise between the positive or negative aspects of life.

I have referred earlier in this work to something I will now call vortex. This is a product of human life, which holds all that which we have at our disposal for living, destroying, favouring, cursing, loving and hating. Why do I make this attempt? Because in conjecturing on the emotional state of mind, whether consciously or unconsciously, I can do so because I am an independent person who has lived long enough to find a potential view of the difference prevailing between the truth of the human mind and that which it represents for the continuity of life. The material elements of civilisation are well known and cared for, whereas the emotional elements, and the means they are realized in relation to the evolution factor, continue to evolve. Unfortunately the possibility of absorbing all traces of the disaster resulting from belief in immortality still tends to blanket over consideration of imperfection. It has been depicted as and is professed to be a cure or remedy for everything pertaining to the spiritual of Man. The extent of this reminds us of a drunken orgy of nonsense to be laid out in the belief of nothing of the reality of human evolution, leaving us only with a despair that is so painful and oozes out subtly in the exploration of sexuality, as though it were not a law of nature, but a sort of hopeful pursuit and human consciousness disaster combined inside the **vortex**. Languages, ours and of others, have also posed an enormous problem in the world. To date, we know nothing about how they emerged, or how they took root on Earth. Thus, ignorance becomes a natural imperfection–although useful to some extent–because it is something solid even though it seems twisted and turned in all directions because it is a human imperfection. Along with other doubtful facts regarding the use of language is the word "immaculate". In a literal sense it signifies cleanliness, but was adopted for religious purposes to be applied to Christ as a person free from the so-called original sin. Well, what can be made of it today when we cannot deny that sexuality is a living reality? Would we be placing our survival at risk if we explained that the superiority attributed to the immaculate means nothing?

To enable us to assess the current conditions, we must consider the essence of the harm that has unfortunately been caused to the entire mentality around the world as a result of the exploitation of groups of people who declared their desire for immortality. They resorted to both material and physical means to render rituals available for this purpose. This was insistently urged as being necessary in providing substance for the ceremonies, but is at the root of the racial and cultural gaps, differences in climatic conditions, and the need for ongoing supply of food and other needs that make life possible. As I mentioned in a previous paragraph, the forms in which the rituals had to be performed triggered an enormous rise of emotions for or against the customs that were being introduced. This entire matter has been dealt with historically with the development of populations involved, the migration of peoples, and the like. We all recognise that education in the modern sense, as well as governments of different periods and their laws and rules of conduct, have greatly influenced the question of freedom in life, and all levels of civilisation have been steeped in the tradition they have adopted. All of this has disseminated ways of thinking, of organising laws governing all fields, and has benefited human life despite the huge suffering caused by the 20th Century World Wars. Against this backdrop, my few words are hardly able to justify the term "imperfection". However, the word does exist in our dictionaries, and it behooves us to realise its dynamic importance in determining powerful languages and emotions in the human mind and adding to the benefit of thought and speech in its revelations here and now.

Thus, although the imperfections in life in general are felt but have to this date not been acknowledged individually by people or in education, to have them brought closer to consciousness in an imperceptible way is of considerable help. It can diminish the range of the occult and favour criticism of the tangible and intangible by allowing for the incipient ray of insight into infancy to be made at some point during growth to a ripe old age. The unfurling of a child's mind and its capacity for feeling reality from very early years of life, surprise people when they themselves recognise the facts, although very often they would not have believed this was possible. I believe a certain perception of this fact had long existed in the conscious of parents and even of other people, but it was only rarely taken for something important although it did eventually become appreciated. As I mentioned earlier, Charles Darwin was the first person to be considered a child psychologist, but it was Melanie Klein, a reputed child psychoanalyst, who introduced the perspective of psychoanalysing child endowments to her work. We often hear of gifted young people who have had outstanding achievements in either literature or other fields, but whose lives were radically cut short. One such person was a young French painter with striking talent and originality, Georges Seurat. He was born in 1859 and was the founder of 19th-century French neoimpressionism. His technique was to use tiny brush strokes of contrasting colours to portray the Play of light, giving his paintings a brilliant shine. This technique became known as pointillism. His personality apparently enabled him to choose to train in art right from childhood–quite unusual at the time–but his life ended at the age of 32. The intensity of talent unconsciously affects the usual relationship with ageing – a human being of today compared to the usual age scale. This is the price civilisation exacts from vast numbers of the world's population. Of course, this is contrary to our current standards of youth, coupled with new scientific discoveries that show a degree of discrimination the grossness of which horrifies us.

The sense of cruelty lies deep in the mind. I am surprised at the characteristics of youth when the force of elements of expression and conviction for actions are accompanied by a small degree of tolerance. Similar tendencies underlay the poetic power of Rimbaud, which was expressed with great pain and despair. He also died at 32. What I am pointing out is, of course, the clear evidence of insight or awareness that a baby and child have of human reality, which is noticeable in all walks of life, not only in those with artistic trends or gifts of creativity. An aspect of these events--which accompany this type of personality--is a higher degree of independence in relation to the so-called social code of conduct and a greater respect for the code of the instinct, thus revealing the profound truth of vitality rather than its vanities, and applies to all ethical areas of the human race. Therefore, we gradually arrive at an underlying quality of human evolution that is rooted deep in the mind but has indefinable freedom of action and civilisation. This evolution allows us greater latitude of judgement rather than narrowness of thought and in our critical analyses, of petty feelings of contempt, which I think may come from an envy of behaviour that cannot be emulated, but which also torments us for fear of loosing touch with reality.

The junction of conscious and unconsciousness

There is an open and unrecognised psychic difference of alternation between conscious and unconscious mental exchanges of emotion that are stable. This depends on what simply can be expressed as a known kind issue and, possibly, can also be traced to an interpersonal relationship. I doubt that this has been sufficiently clarified in language to date so I shall borrow a psychoanalytic view of it from my own clinical practice, which can be applied to compare, say, a limited number of adults who are consciously placed in a position of authority and a large part of the entire population who trust that the selected group will be just as they were supposed to be. I consider that these few people, first--assuming that everybody lives in a modern state--can distinguish and recognise themselves as being different from the people in general which, in turn, consciously and unconsciously feel that they are all alike. This in itself promotes conscious trust and hatred and conflict, both conscious and unconscious. Perhaps politics is nothing more than Playacting, a matter apart that must be known.

To begin with, let us consider the formulation of the two inevitable sides of the question. It is relevant to assume that this suggests that it all started with young children of a family watching and observing their adult father and mother and, likewise, another example would be the silent confrontation between adolescent students in a school and the members of the teaching staff, denoting a position of purported authority and the reverse. To create an example of intimate human behaviour by both groups, at this point I verbally introduce the image of a theatre stage. My vision broadens to include the entering and exiting of the characters from this stage, since every stage requires action. The curtains are lowered to allow for changes of scenery, as happens in most theatres. Now, this will prompt the elimination of the human differences between parents who are aging and children who are being born, as well as any difference in the audience for which the actors are stage acting.

Having, in general lines, verbally set my stage for this vision, I continue the theme resorting to an emotional climate of tolerance, but to some lack of awareness of what is going on, which reveals possible events as they occur. In other words, there is a constant content of facts and emotions on both sides. These formulations must be assumed to exist regardless of the circumstances. I also presume, in this current vision, a central identical composition within any individual human person, that person being self-contained and able to love or hate him or herself. There is not necessarily cause for conflict, but whether consciously and unconsciously, this conflict will exist. Again, this will likewise happen to the individual person in life or in the groups with which that person feels he or she belongs, as all people do.

You who have read this brief prelude may find yourself interested in continuing the atmosphere I have described. However, the psychic reality I have mentioned will not necessarily involve you. The details

Play

can, of course, go deeper; however, you may find that you have to accept as being true the fact that life's desires include your own intention or possible intentions. When I wrote about the reversal of the functions of confrontation in conscious awareness, I meant it to be taken psychically true no matter what feelings, ideas, wishes, and the like are involved in any such mental confrontations. So, in a very condensed form, I approach a sort of visual representation of the human mind as regards its existence and possibilities, from birth or even before, all childhood, whether good or bad. The same happens for all adults, whether their lives were favourable or not, in action or in death. In other words, I have implicitly presented an account of the world of human beings. Combined, these unconscious factors permit us to observe through knowledge – in the simple sense of the word – that which is unknown and that which is conscious. All that I have written in this section on Play so far includes that which exists in human experience. We must bear this to let it become known that by nature the human mind nature is a sort of container for thought and speech. The conscious and the unconscious are equal in the roles they can each assume between them, act out or abandon. However, hovering around the unconscious of people is threat to all life, which has been propagated and will persist. I refer to nuclear fission and the atomic destructive capacity of various parts of the world. It arises from awareness and reaches the depths of the mind. It is not death itself but death's equivalent hiding behind this real event. I quote this as a more unconscious presence of anxiety in the group sense of individual people, who confront it by denying or disbelieving that it could ever happen, or when by doubting that it can be silenced.

Now in the mental and physical regions of what you have just read, there is in a certain way an unfathomable infinity of fragmented bits of psychic activity, at times acting quietly and at others, noisily, revealing the same phenomena in distant aspects of the mind. For one given person, love or hatred will appear suddenly in the course of a dream, or in a moment when they fear they are going mad, and will prompt an urge to stay wide awake, so as to sort out what is happening. All this activity consists of what we could call backstage, or the next exit or entrance to the stage, and another entry again.

All that has been mentioned here, as well as that for which I believe there is still no real language available, spells out what has been encased in the human mind ever since it began, although we shall never know at what stage of evolution of the species it did in fact begin, or even in which part of the planet or from which race of people. For our purposes, it bears out the intimate value of Play with fragmentation of elements, and has prompted questioning by people such as ourselves, including by creative people of all sorts. Therefore it behooves us not to dillydally about the main issues and events in life. There is undoubtedly an enormous amount of mind-material that is not yet perceptible, but could suddenly appear without any indication of how it is to be described or suddenly change into the reverse. It could be a matter of storage, which renders the unknown in elements of non-language or direct vision. Better than to theorize on these issues is to construe unexpected events as they occur in our daily lives. There is a similarity, for example, in that which a gifted and sensitive painter can see when he turns his interest to his brush and the oil strokes on his palette to conceive and express silent passion. No other painter could have conceived the same thing. My hunch is that this is not only a matter of what the painter "saw", but also a fragment of his conscious and unconscious which awoke the impulse; something drawn from some early origin that helped bring back the fragment unexpectedly, in an unconscious instant, with a brush stroke of colour.

I believe that Picasso also brought back to mind countless examples of such psychic events from his childhood and adolescence. I also think the same happened to Seurat. They are references to the evolution of an individual. As a matter of fact it occurs to me that all that I am writing comes from within me, besides being available in other senses to those who reading it. It is like opening up endless entrances and exits to the hitherto unrecorded, but it is not from memory.

For the painter it is unknowable until it happens, like much else in life, including the vague idea he has of how his birth occurred. El Greco, for example, found inspiration for his paintings in the land and great rocks of Toledo, something that, as I recall, had never been done before.

As I began these observations on the unconscious and the conscious, the perceptual togetherness complies with the feeling that this is a particular person's personality and not that of any other person, unless this is a gesture, or an attack of sudden anger or passion rendered with expression but devoid of words. I am not endeavouring to create a language itself but to offer a version to exemplify the mental vortex of human being's inner life. There is something dream-like in this attempt at highlighting what is happening everywhere on Earth where humans exist. How animals and, later, human beings evolved and were then able to rely on dreaming as a sort of relay to emotions, thought and action is a story of profound depth and goes on ad infinitum.

Futher on

I am assuming that on reading or looking at the previous topic, you will have agreed with me, in part at least, that the examples I gave will have invited you to take part and become involved in this matter. It is a matter of paramount importance.

It now occurs to me to mention the Netherlands, which we also know as Holland. When we think of the people of Holland, and also their basic conscious and unconscious mentality, we must necessarily consider the oceans they must contend with. The circumstances inspired their enormous efforts to preserve their land and, consequently, their success in handling affairs of state, colonisation and large-scale business ventures. I have related this matter with the vision that sees the conscious as the people of Holland, and their energy and the ocean as the unconsciousness, in order to preserve sanity. In fact, if we consider the geography, the climate, the conditions and the land of the people of Holland, we will see that theirs is an unfortunate situation. This, in itself, prompts me to congratulate and sympathise with them for their unique courage, resourcefulness and ingenuity in life. The movement of the ocean, especially in view of the currently anticipated rising of the sea level, poses a serious problem. I perceive the hatred they have for the ocean as a primary condition for the opposite, their love for their country and themselves. However, as in Cassandra, this may be tragic to the future of Holland, but not for the minds of people in general since they all know what I am writing about and what the new resources are to deal with their own realities.

Consciousness is by its very nature variable in any individual, as the discoveries made by Freud relating to the mind show. The forces emanating from the unconscious also vary in other directions of psychic action as regards their formlessness and fate during evolution. The matter can be subjected to psychoanalytic experience. Dreams are a function of psychic importance that cannot easily be pinned down to anything I or anyone else can easily describe. The whole subject is vulnerable; it depends on perception and on experience. It is life's experience and the body's health, as well the illuminated personal lives, which most certainly will lead to the unknown of the mind and not to what one "knows".

It is relevant to assume that young children can look and hear their fathers and mothers and still be involved in their Play, their quarrels and their well being. Within themselves, the known and the unknown are happening simultaneously, and the same happens in every other aspect of their lives. Thus, there is a confrontation with their parents and in a reverse sense they, of course, become gradually aware of their parents and then leave them to follow their own paths, as most animals do. If one takes this into account, when children arrive at adolescence, they will essentially be the same material, but there will be more of this material and its complexion will be different due to changes occurring during their evolution.

To give an example of this process, I would again like to introduce the image of a theatre stage. Like the stage, it has entrances and exits and all the accoutrement, expressing the mental and physical aspect of their youth, as well as their conscious and unconscious awareness of human beings. This explains the human differences in the audience, not only in parents because they are older than the children, but also all the action and movements that take place on stage. In a very condensed way, a sort of visual representation of the mind is all human beings and their capacities from or before birth. All of this, including that for which there is no real language available, spells out what has been encased in the human mind, although we shall never know when, during the evolution of the specie, it all began. It bears out the intrinsic value of Play and of the fragmentation of elements that creative people have acquired. It all consists of a sort of storage which the unconscious deals with, as in the example of the gifted painter who, from a quick glimpse, places the colours he wants from his palette on his brush (here I am thinking of Rembrandt), possibly due to a fragment of the conscious and the unconscious. Or when I think of Goya, with fragmented feelings of envy and hatred for the reality of his time, and see what he, in his own vision, needed to express; or Picasso whose delicate vision of humans was distilled out of his own personality as a craftsman. And, of course, Vermeer, who likewise had a profound feeling for what was inside the people-their houses and lives-in the area where he lived.

Definitions of what is occurring as opposed to uncertainty

Language, which is one of the topics of this text, may cause some confusion and we must have a certain "sense of humour" to deal with it, beginning, for example, with the title above. The difficulties we may come across are not easily resolved. In fact, there is not much use in altering the basic rules on the dictionary meaning of words. But the problem of language is that although it subscribes to what is printed in dictionaries, it must, at the same time, be tied to present-day's freedom of vision, which considers, for example, what the word "infancy" involves rather than the evolution from "infancy". An alternative word could be devised and applied from the viewpoint of fragmentation and would, in this case, take into account its meaning in a psychic sense. An underlying fact of all such considerations, however, is speech, since speech and other means of communication, such as descriptions or even definitions, are utterly dependent on sense of vision and on emotional facts inherent in them. Perhaps due to a psychoanalytic habit of thought and abstraction, I included in this text features of a fundamental nature of what are the problems in life or what do they consist of.

A particular aspect of selection is the amount of available splitting needed at given moments; the use of splitting leads to the simplification of meanings and is adjustable to the needs of the occasion as they arise. My main interest is to call attention to the fact that splitting should be considered the scope of anything in human life, since it helps increase the space and freedom of action because it is a growth factor, whether realised early or late in the development of children to adulthood.

Isaac Newton was born on December 25, 1642. He was a tiny baby that was hardly expected to live. His early childhood was marked by escalating changes and uncertainties since his father had died three months before his birth. His mother married again, but from then on, his childhood was severely disturbed. As a result, he suffered from psychotic tendencies, such as attitudes of fury when criticised and when he felt that his achievements were not being adequately noted. Later, he went on to study at the University of Cambridge, but, in my viewpoint, a complete split had occurred in the core of his personality in the early part of his life, when his psychotic troubles began, and contact with his inner private life seems to have been totally excluded then. His achievements were the outcome of a violent desire to live, and this desire became a sound basis for his unusual capacity for studies and establishing laws on the nature of the firmament. Throughout that period, despite the characteristic ups and downs of the period he lived in, he was the most outstanding scientist. This was possible because of his amazing mind, that is, a strong intuition and awareness of the universe, coupled with his own convictions.

The definition of something, regardless of what it is, is often immediately followed by a change in that which is not defined as such, that is to say, rather than movement and reflection, it becomes obvious that – with regard to the matters I have just written about – it could be difficult to accept as confirmation of a potentially vast vocabulary and yet not allow us the freedom to deny a certain quality of mind. To justify this point, I am considering widening the scope, without leaving too much room for mere theorising. I have built most of all my awareness of the value of human life on factual observations, but have obtained another angle on the core of human life from Hamlet by Shakespeare – the great poet who preceded Newton. In all the items present in language, there is one key feature that is inherent to the human unknown and that is, how, when and by what means is the solid core in every human being's life constituted. I quote below some lines from Act III, scene two, of Hamlet:

> Give me that man,
> That is not passion's slave,
> And I will wear him,
> In my heart's core,
> Ay in my heart of heart.

There is a concept of individual self that we keep within ourselves. We could say that we have a cosmetically stable image in our minds of who we are, which we use privately and also publicly.

When changes occur they neither alter nor undo what we have lived within ourselves. However, our perception of the world in which we live is correspondingly affected when we add the vision above. Nevertheless, it becomes a habit to anticipate the result of what is to take place although, most of the time, when the anticipated event does happen, we find that anticipation changed nothing. My article on imperfection prompts us to think about how it reigns supreme and occurs continuously; we take it for granted that reality is natural both for humans as well as for all other animals in the world, and this gives us an assurance that these natural rules have not changed. We are constantly accompanied by the notion of emotional space. We perceive that we live to a great extent within ourselves, regardless of what happens, and that we do survive in spite of doubts that create anxiety and other events tested by trial and error.

Many demand, so to say, to be seen or held as exceptions. The question is what is the risk, or what happens next, or what could happen? Perhaps this inspires the taking of "supposed remedies", for otherwise we would become tired of being ourselves. Personally, I suggest that through conscious experience there be a deeper insight and effort to make the unknown in ourselves become more available. Revealed in that which has not yet occurred it would be rejected consciously or unconsciously. The fact is that all that which is observed in the present and lived with conviction when observed, will have changed again within a century or two. And why not? Ignorance remains supreme and keeps an even keel with the vision that we now know so much more, and this, in truth, is a quality of Play.

I mention the balance between features of what we call reality, although the emotional values of humanity keep on emerging just the same. The end of this century will clearly spell out, when a summary of what has happened in it is made, what has become worthy of note. We will not only ponder over the two great world wars (1914-1918 and 1939-1945), but also on other smaller wars that continued to be waged. It occurs to me – and perhaps many seasoned persons will have observed the same – how much enthusiasm there is over the social success of football, which is nothing more than a sequence of childhood Play. This situation would rapidly disappear into the shade if a need for fighting in a war arose. In other words, we ignore enough of reality emotionally to allow us to face the psychic fact that love and hatred are inseparable, unlike psychic fiction; these two silent emotional forces and their action never cease.

The whole gamut of reasoning on matters related to human beings is shifting on the surface. It is the unknown that is essential despite the fact that it stalks the mind between other conflicts. Can our language cope and adjust calmly and sincerely to these facts? If not, it would perhaps behoove us to observe what happens.

Much of what human beings face is what they can define in conscious terms. But there is the snag that could and does in fact occur. It seems to me to be too easily said and not easily accepted. Thus, again we come up against what is involved in every decision. The pain of uncertainty will be of significance.

Human beings' unknownness of themselves

To continue in the psychoanalysis of a person who is a "representation or a memory" of someone that person never knew – this is the phenomenon that could remind us, in a deepest sense, of the evolution of the human species as perceived by Charles Darwin. It is tempting to confront Darwin's conclusion regarding natural selection with this same citation, which despite not being poetical is not, in a sense, far from it. There is an everyday reality that comes in contact with variables of emotion, which language brings back to us from past periods and goes on in the same way with insight into love and hatred and the associations between them. This shifts into multiple shades of psychic movement of the phenomenon it conveys. The matter, in other words, is practical, but allows for Play to be recognised as a lubricant during life. The crucial factor in mental growth depends on man. In the blending of emotions of rivalry between the sexes, as they become dominant intrapsychically, feelings, anxiety and depression make manifest the life and death instincts of individuals underlaying the nature of all humans.

The virtue of the advances made in psychoanalysis since Freud is to have increased access to the psychic reality of experience. For example, the crucial factor of atomic growth has become utterly dependent on man. The vital factor involved happens when hatred undermines love and, consequently, upsets both.

There are countless other factors of unknownness that cause surprise by what comes up in the mind. We can have an awareness of the child's state of mind in the adult's mind and character. An example of this is the collection Rembrandt had of some sixty self-portraits he painted during his lifetime. He could very well have been in love with himself or just as well have been depressed; situations we would do well to think on (please refer to the chapter on Imperfection, where I address the inevitable changes in his mind and body that may have accentuated the effects of dramatic emotion). An element that should be included as a subtitle in this paragraph is the endless variety of stimuli towards maturity contained in the mind, conscious and unconscious. They can be encumbered by known features–though only to the extent that they were part of the events of that particular time–hence, by unknown qualities of our imagination. Thus, these stimuli become coincidental with what takes place.

Associated with that which has permeated dreams–as Shakespeare often quoted in his Plays and Freud greatly enriched– there came an awareness of the extent of what was revealed as the features of the mind. We can well call the discovery of psychoanalysis an accident, as everything in history. If we think of Freud and Shakespeare, it is often healthier to call events in the life of human beings, as well as those happening before their birth, accidents. The accident of the decision to apply language to dreams could multiply itself into infinity, which, after all, is irrelevant everyday life, if we accompany this to maturity and its gradual reversal in ageing.

It is self-revealing in so far as it can be found useful and creative of that which was unexpected or self-revealing even before it occurred. Deep analysis has uncovered indirectly scattered mental fragmentation in the mind of a child, which formerly could not have been observed and, thus, not thought about.

The matter has been food for thought throughout history, as for example it was at the time of Socrates in 470 B.C. in Athens. The method Socrates endeavoured to apply to show people what was in their minds without their knowing it was something quite outstanding for that time. His unfortunate sentence was to die without complaint at the hands of his enemies in 399 B.C., according to Plato. I suspect that he had sensed that the depth of earliest childhood was the source of subsequent mental growth, as he said in his well-known phrase "know thyself".

In considering the Play of factors, we are well advised to be modest in the opinions we form on personalities since they are not revealed until they "happen". The "known ways of life" are built on habits that accrue within all personalities. They become tangible with the stages of growth, and then more or less easily realised. To match them with known common sense illustrates something else of human behaviour, namely, the intangible. If we assume this to be aligned with something that is going on, it will allow for people to see what they wish to share with themselves as well for them to feel any number of impulses to "join in" with others. But, of course, this will depend on their own emotional interests, social graces or on the fact that they have failed to perceive in which direction their preference lies, and so they hesitate between the options. At first, they may be prompted to move towards what seems to please them or seems to be necessary in the circumstances.

If we consider all the options available for being alive and for the basic need of sexual realisations, we will see that this refers only to main groups or to certain outstanding people. We will thus see the matter as waves on the ocean in contrast to its depth. Given characters evolve over a lifetime of experience to a certain point, and there is little to doubt as to the realities involved in their decisions. Anyone can be faced with a feeling of rejection or self-hatred, and have cut him or herself off from everything, but this would be impossible unless death were the only alternative. Thus, they are left with fixed tendencies all along the run of life. Conflicts involve pain, but pain suffered by human beings has always been mixed up and confounded with war, crime, insanity, etc. as we have always known, but mostly denied.

In the light of Melanie Klein's discoveries in psychoanalysis, we know that she outlined that the paranoid-schizoid position functioned in an alternative sequence to the depressive position. This results from the inevitability of active life and death instincts in man throughout life. Klein was the first psychoanalyst to highlight a vital factor: envy in the human animal, leading to the possibility of gratitude as a compensation, which adds value to this constant factor in the mind and in emotional life. She also expanded on her finding in a novel written by Julien H. Green entitled "Si j´etais vous" (If I Were You), which I highly recommend reading. The unknownness in my preceding article offer vestiges of what is to become known. A practical sense of the known is to recognise the extent of the creativity that surfaces in individuals of the human race who were of great value to culture. I have chosen Shakespeare as an example of an outstanding pioneer due to the emotional quality of his writings. In his time, there was a much-appreciated custom in certain parts of the world for a town crier to announce what was happening. The crier was always an elderly citizen who was well liked by the people because he knew what was going on. Unfortunately, this custom died out and, in its wake, came a colossus of a machine called the press, which began to rule over the principles governing people's so-called mental and emotional lives. It is a pitiful conclusion to arrive at, in comparison with humanity, when we conclude that something is nothing, or the contrary. I quote a passage from Shakespeare's Julius Caesar[1].

Cassius:
> "Why, man, he doth bestride the narrow world.
> Like a Colossus; and we petty men
> Walk under his huge legs, and peep about
> To find ourselves dishonourable graves.
> Men at some time our masters of their fates:
> The fault, dear Brutus, is not in our stars
> But in ourselves, that we are underlings.

Unfortunately, I do not think we can compare Shakespeare's lines with our modern Caesar, on currently reflecting on the role the press Plays and all that which conduces us to be "underlings". Consider, for example, the distortions that arise when a group of politics is broadcast on television; the fact that journalism has become a profession and established similar practices, whether the article is published in the United Kingdom, in the United States or anywhere else in the world.

I am not against the press as a human social institution and am most interested in what is published in the press, but I have a fairly healthy "BUT" attitude towards it. Individuals have, in their essence, a constant need to be respected by themselves in the first place, and then by others; in this respect they can realise individually, each in his own unspoken manner, what they feel emotionally, as the security within themselves. Thus, the unknownness becomes tolerable and actually implicitly invites a new discovery. In my viewpoint, for individuals to rely on their dreams helps reinstate that which they feared had disappeared forever, and allows for an unexpected rehearsal. Dreams are a mental processing of events or anxieties in conscious life not otherwise recognised as being distinct from everyday conscious thought. This is reminiscent of the mind that

---

1. Julius Caesar (Act I, Scene II, Line 136)

could be recognised either as last night's dream or, perhaps, would turn up in that of the coming night, to allow its form to be emotionally felt as being different from what it is in the public view.

Life from another viewpoint

There is another important difference in Shakespeare's work which helps underline the core of his personality; it can be perceived in speech but is lost, for example, in Isaac Newton's book. We need not enhance the life of Shakespeare, and ascribe to it the supreme quality bestowed on his Plays, his sonnets and everything else he wrote. But there is another aspect about his personality over which there can be no doubt. I have examined the textual notes of Hamlet, which are still being studied. What has roused my interest is that despite the fact that some additions or changes have been made in the performance of his Plays since the 16th and 17th centuries, they are still essentially Shakespearean. I believe that he was entirely committed to what he produced during his lifetime and, in so doing, released the greatest treasure of expression in the verbalisation of man. This extends to all languages, provided a translation is possible due to the specific nature of the English language. I feel this bears out the recognition of that which from within himself corresponds to the main quality of his being. This truth rests on the fact that anyone, through the versatility of Shakespeare, may become cognizant with his or her own individuality. There are numerous examples of this in his Plays. One of these is Lear, who is depicted as a man who breaks down completely as he approaches old age; or in the historic Plays on Julius Caesar, Coriolanus, and, in fact, in the whole set of Plays.

The core of human beings in our times has been substantiated by the enlightenment of Sigmund Freud, Rembrandt van Rijn, and many other personalities. I attribute to Shakespeare the gift of placing all within his personality into language and his work, and of introducing these in a unique form into our culture and history. This core in human beings resounds faithfully in the psychic and physical counterparts existing in us. Such phenomena include what I call fragmentation of vision and explain man's psychic values in such a way that psychic fragments have a place in the language of both mind and body.

As another example, I would like to refer to the French mathematician, Jules-Henri Poincare, born in 1854. As a child, his health was delicate and he received special instruction from his gifted mother. He had an unusually retentive memory for all he heard and could mentally draw a visual perception of what he heard, as he could not see at a distance. A sudden illumination, following long subconscious work, was for him a prelude to mathematical creativity. In 1906 he was elected to the French Academy, the then highest honour accorded to a French writer. One of his books I recommend because of its highly unusual value is "Science and Method". He trusted his subconscious–which for us today is the unconscious, as later was better explained by Freud–to perceive emotional and far-reaching capacities for creative life, which we now call psychic reality. Poincare's contribution emphasised the scientific method and its arbitrary choice of concepts. It is a clear example to anyone that the use of one's physical and mental handicaps, such as those Poincare suffered from, will in principle permit freedom of constriction to stimulate psychic activity towards the unknown.

Improvisation

Any speech that begins with the verb "to improvise" causes some surprise. The word improvisation is about something that is not happening. What could this be? How natural for people to say, "if we can't do it this way, we'll try another way…" There is a well-known form of speech and Play, which in a sense is its hallmark: drama. Of course, drama brings the importance of Shakespeare's writings in the history of English language to the foreground, in view of his mastery over the use of improvisation. We are not very happy with this century's current use of language, such as the usual use of the word "sex", which today expresses nothing beyond simple facts of life, and sexuality is something quite normal. Another example is the reports on other planets in the universe, which have not served to diminish our frustration, as we can say nothing about them beyond the fact that they exist.

A slight prelude to this article is not amiss to quote a highly creative mind, as shown by his rare poetry, engravings, paintings and drawings, that of William Blake. Born in London in 1857, his talents were evidence of improvisation in the life of this amazing human being, who was a strong social critic of his time. In the sense of Play, I believe this prelude throws considerable light on our time being a continuation of his. Both periods differ in superficial aspects only.

Language rendered in speech is as vital to our daily life as any matter of life and death. It has stemmed from the sense of respect for the reality of human existence. In the context of evolution, it is still barely a reference to the primitive history of this planet, since if we consider all life's resources, we can hardly imagine what can be achieved, in any context, without language. It is all contained in the human expression of ourselves, as it must be.

There is still an absence of consideration for the human mind, as there is for the habits of animals as well. Perhaps a reason for this oversight has been fear of pain as well as anxieties as to how to deal with that which we call nature, which has no feeling of responsibility towards human troubles caused as a consequence of Nature's events, such as the serious damages to Earth caused by volcanoes, climatic disasters and earthquakes. People have suffered because of these events, but their hatred is never aroused when they think of them. On the other hand, human conflicts have been triggered by feelings of envy, greed and the consequences of these two interacting factors.

Play

The mind had no clear knowledge of this for an untold number of centuries, although we now increasingly feel its effects. Perhaps we could now conjecture on the improvisation applied to everything that takes place among all peoples of this planet. The difficulty lies in running up against all authoritative subjects that in the preface I decided to leave on one side. Language interferes with everything related to civilisation since there is no place for existing language to encounter itself satisfactorily, given that vital themes conflict with religious mainstreams. There are countless possibilities in relation to real psychoanalysis and the awareness and vision of fragmentation throughout the evolution of the life of the mind.

Fragmentation has been a factor that comes up in anything we value and have known for time immemorial, but hardly ever spoken of. Why is this? I believe it is because the need to defend ourselves against any form of predator leads us to take precaution; in the mind, an internal awareness of danger prompts us to establish, alternatively, reassurance of being protected from all contingencies that could pose a threat to all we rely on for peace of mind.

When I referred to Play at the beginning, a number of topics were featured before the one on improvisation, which I would like to further delve into. The same could be said of any form that refers to human life. All thoughts and reflections are improvised consciously and unconsciously and, of course. manifestly in our dreams. In language, there is the Play between these two features of human beings, which constantly provides advantage in the sense of action. You will have noticed that what is personal to ourselves we can, in a sense, distinguish simultaneously from what is impersonal. For example, in biographies, a maze of undesirable matters come up which give no information on the person himself except on appearance. Our human personality begins before birth and depends on the qualities of pre-natal life. The birth of every baby determines his personal future. Given the billions of years of evolution on Earth, it is just as well to have a sense of humour in dealing with this evolution, so that a person who deals internally with himself is protected from the outside life and, thus, in everyday life will continue to have respect for what is not personal.

The hominids uttered noises that led eventually to expression in speech, and we have kept this ability in improvisation, turning it into action and words of expression to deal with the unknown. In my considerations on speech and language, I have considered Shakespeare's works a source of improvisation of human life from where he implicitly supplied the origins of expression through which we are able to gain entry into the entire mental and emotional possibilities of the populations of the world.

Between the late 19th and early 20th centuries psychoanalysis was improvised by Sigmund Freud. This substituted improvisation practiced by many others who were too deeply involved with memory and desire for exploration of the mind to be possible. What does prompt thought with the passage of time is how, ultimately, history repeats itself. This brings relief from profound disgust or sorrow felt in relation to events of any kind, and our reaction to nature, which is manifestly silent, with the population suffering the events but disPlaying no hatred towards them. Perhaps, more than four billion years after this planet emerged from the Sun, the aftermath from within ourselves produced what we call behavioural habits. In the Play of evolution of the mind the oscillations from such interior consequences seem to comprise what we call mental disturbances; and conscious sanity may be in the process of natural improvisation of life. The psychic force for all this creates life. This topic can be considered in existing languages as opposed to what is yet unknown; by this I mean that anything intelligible in the growth of populations varies accordingly to the relationships existing between them. But if present-day studies at university level are to be of practical value, they must be able to provide insight into language that is reliable, so as to foster respect for possibly unknown factors as well as to keep maturity alive.

Random brief conjectures on the factors of Play

To conjecture about theories on that which is still unknown in our minds–made possible thanks to Sigmund Freud's clear awareness of our mental evolution–is a very stimulating process in this current civilization. Modern encyclopaedias refer to what is inherent to the issue, through conjectures of all kinds, which can prove useful since we are living in a human world that is evidently evolving towards life.

One highly important aspect of this issue was highlighted in a statement made by Aristotle on the theory proposed by a 6th century BC Greek philosopher, Thales of Miletus, that water was the basic principle of all matter on Earth. He sought an explanation for natural phenomena by investigating natural causes instead of relying on explanations tied with the intervention of mythological gods. Later, scientists confirmed that our planet is in fact made up of 71% of water and 29% of landmass.

We have scant knowledge on how the oceans were actually formed. Earth was ejected by the Sun and geologists have determined this happened some 4.6 billion years ago. "It has been assumed that the early hydrosphere resulted from condensation of the first atmosphere. The percentage share of certain elements on Earth indicates that the planet was formed as a result of an accumulation of cosmic dust that was gradually heated by radioactivity and compression. It is believed that first atmosphere was highly diluted and rich in gases, especially in hydrogen, including of water vapour. Through photodecomposition (separation due to the energy that comes from light), this water vapour was broken down into hydrogen (H_2) and oxygen molecules (O_2) in the upper atmosphere, which permitted the hydrogen to escape and led to the progressive increasing of the partial pressure by oxygen on the Earth's surface. As oxygen reacted with surface materials, these gradually raised the pressure of the water vapour to a level that caused it to be transformed into water. This water in liquid form filled up the depressions on the Earth's surface, forming the oceans. The chemical history of the oceans was divided into three stages. The first was that in which the Earth's crust was cooling and reacting with relative or highly volatile acid gases, transforming nature to produce the oceans and the initial mass of sedimentary rock. This stage lasted for some 3.5 billion years ago. The second was a period of transition from the initial to essentially contemporary conditions, and is estimated to have ended from 2 to 1.5 billion years ago. Since then it is very likely that there has been little change in the composition of seawater. Calculations on the rate of elements added to the ocean system show that the system has remained unchanged for at least 100 million years, and has roughly the same flow and draining of the main elements, that is, a fixed chemical composition."[2]

As water is a substance with unique characteristics, we have become dependent on the water distribution and the ocean tides on our planet, and our emotions and feelings are our main channel of

---

2. Encyclopaedia Britannica, vol. 25. 1992. pp. 136/142

perception of all of the Earth's substances, be they solid, liquid and gaseous. The salinity of the oceans is of no great matter, but, psychically, water suggests purity. Children derive physical and emotional pleasure from Playing with it, to them it is a natural attraction.

We can consider that Darwin's conclusions on natural selection indicate the transformations we have undergone from man's very beginnings, since the dinosaurs must have already have had all five senses. In addition, the discovery of the unconscious by Freud, his explanations of dreams, as well as his awareness of bisexuality and sexual potentiality, have enabled us to intuit the elements that inhabit our minds and bodies.

If capacities such as dreaming exist–but dreaming in a broader sense and not only while we sleep–a vital basis for all psychic phenomena probably also exists. A mere glance at our current human status reveals that vast changes have occurred in the scientific knowledge we have of our planet, particularly with respect to the existing force of attraction between the Moon and the Sun, and the Sun and the ebbing and flowing of the tides, the violence of earthquakes, volcanoes, and the formation of huge rocky mountain ranges. Geography is of paramount importance in all of these phenomena. I believe that human interdependence and the awareness we have of the extent of this dependence are basic facts throughout the course of our evolution. There is a touch of humour in the fact that the Dutch paid the indigenous peoples that inhabited Manhattan the equivalent of a handful of dollars for taking possession of the island, before the arrival of the British.

There is something remarkable about the track record of the changes that took place over time in human habits and in all sorts of emotional events that are privy to human beings of this planet. An example of evolution occurred in 1642-1644, when Blaise Pascal, with his mathematical genius, laid down the basic principles of the theory of probabilities.

What is so stimulating in these modern times is that we not only know the psychic value of evolution but also that this knowledge has to be used consciously, in fact like a sense of reality. This sense is particularly important in allowing us to elude innumerable rituals and take language to extensive conclusions of respect and gratitude by many individuals, thereby fostering achievement rather than the mental confusion that arises from helplessness in the face of the immensity of everything. We can remind ourselves, in all languages, that it is impossible to speak with any kind of authority on time and space, or, as Shakespeare wrote, "we are such stuff as dreams are made on, and our little life is rounded with a sleep."

Historically, we have known great pain, suffering and pleasure. Nature's characteristics are as cruel as the acts practised by human beings in the 20th century wars which, alone, were responsible for 48 million deaths. We use tides as clocks and, in them, we can recognise the basic elements of life, as do fish, birds and insects. Dreams were known not only by Shakespeare but also by Sigmund Freud as a means of finding how the senses are so deeply marked by the qualities of the deepest levels of our mind. Hence, we are grateful to them for having given us such a treasure.

With so much frustration resulting from what we have experienced in the 20th century, what is our outlook for the 21st? This is a question that baffles us, so great were the troubles over the centuries or shall we say of the unconscious, which is psychoanalytically the core of this most worthy issue. All this makes it seem as though thousands of years after the unfortunate disappearance of the dinosaurs from Earth as a result of an accident, it serves as a prelude to us. Therefore, it is senseless to rant and rave on the matter, because it will eventually lead us to a different state of life and all kinds of questions. In the future, the issue will depend on conjectures aimed at adjusting the basic facts that need clarification. We should never say that something is inevitable, for it merely repeats frustration. However, it is a concept for reflecting the "how", when it happens.

My attention was called to this matter as a result of the writings of George Eliot, the pen name of a 19th-century British writer. She seemed to have had a natural talent for describing human feeling in her novels. Her stories became well known and portrayed her view of the mentality and frivolity of that period in English history, involving the humdrum and references to life of a natural country community in an atmosphere of love and hatred. My trust in this way of seeing life is such that it needs no deeper research other than to deal as fundamentally as possible with what George Eliot conceived as an example of our lot.

All that I have been outlining under these conjectures is, of course, far more than a touch of emotion. It comes from our complete absence of knowledge, which has to be considered in light of that which transpires in every individual human being. In short, Shakespeare was a man who, in my viewpoint, managed to detail and explain in the English language that which was given to us all, whether individually or as a group, as a basis for speech. From its source in a London theatre in the period between the two Queen Elizabeths, this basis has expanded to other parts of the world, with the result–and perhaps I have been unable to stress this enough–that it should also be applied to all that is yet unknown. I am convinced that language can go much further in the spirit of any living being, including in that of the deaf and dumb, and the so-called gifted speakers. It starts before birth and penetrates all initial configurations, including all that is forthcoming in life, to its very end, namely, death.

Index

"x" factor   102

A

abstraction   152
accidents   119, 121, 122, 156
adolescence   133, 150
adolescent   146
affairs   149
ages   106, 125
animal instincts and human instincts   104
Anxieties   102, 110, 122, 130
anxiety   141, 154, 156
artistic trends   144
atomic   122, 147
authoritative facts   102
authority   104, 126, 145, 146, 168

awareness	102, 107, 115, 116, 120, 122, 123, 126, 138, 139, 146, 151, 153, 165, 167

B

being and not being	102
biographies	163
Bion	103, 114, 115, 117, 134
black holes	130

C

ceremonies	143
Charles Darwin	123, 129, 131, 135, 144, 155
child	103, 112, 115
child psychologist	144
childhood	104, 125, 133, 139, 155
children	102, 112, 115, 150, 151
choice and movement	125
civilizations	104
cleavage	105
communication	110, 152
conception	104
Conflicts	105, 146
confrontation	111, 116, 147, 150
conscious and unconscious	145, 147, 148, 151
consciously and unconsciously	135, 145
creative people	148, 151
creativity	104, 141, 144, 158
cruelty	119, 120, 144

D

danger	163
Darwin	107, 111, 125, 128, 138, 155, 167
daydreams	125, 128
death	102, 115, 118, 120, 122, 125, 126, 127, 139, 169
deluge	120
denying or disbelieving	147
depression	116, 123, 125, 156
desecrate	103
desire	118, 120, 127, 139, 141, 153, 164
despair.	120, 144
development	102, 113, 123, 140, 152
drama	162
dramas	110, 123
dreams	102, 104, 105, 110, 114, 117, 123, 125, 126, 127, 128, 139, 150, 156, 159, 167

E

early breast	113
Earth	102, 105, 126, 168
education	106, 125, 143
emotions	113, 126, 143, 155, 156, 166
endogenous	110
English language	122
enlightenment	116, 117, 134, 160
essence	112, 143
evolution	102, 107, 111, 125, 126, 136, 139, 141, 148, 151, 162, 164, 165, 167

F

feeling of rejection	158
female spider	128
figments of hallucination	117
fingerprints	112, 121
formlessness	111, 150
fragility	110, 124
fragmentation	103, 105, 111, 112, 122, 128, 148, 151, 161, 163
freedom	124, 143, 152, 153, 161
Freud	105, 110, 115, 120, 123, 135, 156, 161
frustration	114, 126, 130, 162, 168

G

gratitude	109, 168
greed and envy	104, 119
group	113, 119, 128, 145, 158, 169
growth	104, 111, 112, 122, 130, 156

H

handicaps	108
hatred	113, 119, 128, 136, 145, 150, 164, 169
history	120, 124, 134, 137, 161, 162, 164, 166, 169
hominids	106, 164
humans	139, 156
Human beings	116, 117, 120, 123, 128, 129, 149, 151, 155, 160
human race	124, 127, 135, 139, 158

I

ideas	120, 122, 126
ignorance	108, 142, 154
imagination	156
immaculate	142
immortality	142, 143
imperfection	141, 142, 143, 154, 156
improvisation	161, 162, 163, 164
independence	144
individual self	153
individually	121, 143, 159, 169
infancy	127, 144, 152
insight	144, 154
instincts	104, 139, 158
intangible	114, 115, 116, 132, 141, 144, 157
interpretation	115, 116
intransitive	114
intuition	104, 105, 133

J

J.B.L. Foucault	110

K

knowledge	102, 147, 167, 169

L

language	102, 103, 121, 125, 126, 129, 137, 139, 151, 161, 162, 164
links	117

literature	144
love	113, 119, 127, 128, 136, 150, 155, 169

M

magic	103
mankind	101
maturity	114, 139, 156, 164
Melanie Klein	115, 128, 129, 135, 144, 156, 158
memory	102, 118, 127, 139, 155, 161
mind	102, 103, 123, 125, 127, 129, 134, 136, 139, 144, 148, 151, 162, 168
mythological gods	165

N

natural selection	138, 155, 166
nature	102, 105, 106, 112, 115, 131, 135, 141, 152, 164, 166
nuclear energy	110

O

occult	103, 129, 134, 135, 136, 141, 143
ocean	106, 149, 158, 166

P

pain	106, 110, 124, 126, 135, 155, 158, 162
painter	144, 148
paranoid-schizoid	158
personalities	127, 131, 141, 157, 160
phenomena	118, 121, 125, 161, 165

Play

planet	105, 106, 113, 115, 126, 129, 148, 162, 164, 165, 167
Play	101, 102, 104, 105, 109, 112, 114, 115, 118, 128, 138, 144, 154, 162
pleasure and pain	102
plot	109
post-natal	111, 130, 141
pre-natal	111, 130, 141
principles of mental functioning	105
principles of pleasure and of reality	105
private	125, 153
projection	128, 135
projective identification	128, 135, 137
projective or introjective identification	130
psychic	110, 118, 125, 126, 128, 129, 145, 150, 164, 167
psychic fiction	155
psychoanalysis	102, 104, 109, 110, 112, 120, 123, 139, 155
psychotic	153
public	125, 159

R

reality	101, 106, 107, 113, 116, 129, 138, 142, 144, 151, 154
rebirth of himself	132
relevant	115, 135, 145, 146, 150
religion	117, 120
religions	119, 124, 126, 135
reversal	147

reversal of the functions	147
ritual	103, 111, 137

S

sanity	123, 149, 164
satisfaction	121, 141
scenery	146
self-contained	146
self-hatred	140, 158
sense of reality	105
sex	162
sexual	115, 158, 167
Shakespeare	105, 109, 114, 120, 123, 125, 152, 153, 160, 164
silent	146, 148, 155, 156, 158, 161, 164, 168, 169
sleep	103, 110, 127, 139
social well-being	102
space	113, 129
speech	102, 109, 111, 125, 136, 147, 152, 162, 164, 169
split	107, 121, 123, 152
structure	116
stuff	114
suffering	106, 135, 164, 168

T

talent	120, 132, 144, 169
tangible	113, 114, 115, 132, 141, 144, 157
Thales of Miletus	165

theatre	109, 146, 151, 169
thinking	103, 113, 127, 129, 143, 151
thought	102, 141, 143, 144, 152,164
tides	166, 167, 168
transitive	114, 116
truth	102, 109, 120, 138, 154

U

uncertainties	110, 122, 141, 152
unconscious	123, 126, 127, 135, 136, 145, 147, 149, 150, 168
understanding	115, 118, 135
universe	103, 108, 121, 153, 162
unknown	103, 104, 107, 112, 121, 139, 150, 155, 164

V

vision	115, 122, 125, 129, 132, 134, 146, 148, 149
visual fragments	110
vocabulary	117, 153
volcanic eruption	162
vortex	142, 149

W

web	128, 130, 137, 139